THE TEXT OF BARISTA & BARMAN

バリスタ・バールマン教本

<small>バール・デルソーレ</small>
横山千尋

はじめに

　私の職業はバリスタです。私はバリスタになるために、今から25年前、本場イタリア・ミラノにある小さな街のバールを訪ねました。そのお店『ラ・テラッツァ』での修業を経て、帰国後に店長としてバール経営に従事し、2001年、仲間とともに株式会社フォルトゥーナを立ち上げ18年が経ちました。
　株式会社フォルトゥーナは『BAR DEL SOLE（バール・デルソーレ）』というバールを運営しています。
　バールは、イタリアの食シーンの代表的存在であり、イタリアで最も多くの人に親しまれ、最も多くの人たちが生活のリズムの中に取り入れている業態です。
　デルソーレは、イタリアの食文化、イタリアの人たちと出会い、パッシオーネ（情熱）を共有しました。日本とイタリアに共通する食・もの・人に対するこだわり、品質や技術を大切にし、伝統を大切にする心……これらを大切にしながら、デルソーレを通して「日本とイタリアの架け橋になりたい」、「イタリアのバール文化を広めたい」、そして「日本の地域に根ざす、日本人にとって心地よい"止まり木"となる日本のイタリアンバールを広めていきたい」と思っています。
　イタリアから日本にやってきた食文化の代表的なものがエスプレッソです。イタリアではエスプレッソをカフェと呼び、コーヒーといえばエスプレッソのことを指します。イタリア人は毎日カフェを飲みにバールへ足を運び、1日に何度もバールを利用する人もたくさんいます。そこで働く、カフェをつくるスペシャリストであり、ソムリエやバーテンダーの役割も担うのがバリスタです。
　日本でバリスタというと、単に「エスプレッソを淹れる人」や「ラテアートを描く人」などと思われがちですが、バールにおいて、バリスタは接客も含め店全体をコントロールする大変重要な存在です。
　バールで働くバリスタをイタリアでは「バールマン」ともいい、この呼び名を好むバリスタも少なくありません。バリスタよりも広義な意味合いや響きを持つこの呼び名を私は気に入っており、シアトル系カフェのバリスタと区別する意味でも「バールマン」という呼び名が広まり、日本で多くのバールマンが活躍し職業として認知されるようになれば、という願いを込めてこの本を上梓しました。

バリスタ・バールマン
横山千尋

# INDICE　もくじ

005　はじめに

1 BARISTA PASSIONE　バリスタの情熱

010　バリスタは一生の仕事
014　ジェラートを通じて、開けたイタリアへの道
016　エスプレッソに出会う、バリスタを知る
026　バリスタは心・技・体
030　バリスタに必要な7つの力
034　バリスタのハート

2 BAR CULTURA　イタリアンバールの楽しさ

040　イタリアンバールの楽しさ
044　イタリアンバールの成り立ち
054　イタリア人のバールの使い方

3 BAR GIAPPONESE　日本のバール文化をつくる

066　日本のバール文化を
070　私の理想のバール
076　エスプレッソマシンの選び方
080　豆の知識、選び方と保存方法
082　カップの選び方
084　フードとアルコールの考え方

※本書は「バリスタ・ブック トップバリスタのすべて」に「イタリアバール」（ともに旭屋出版）の内容を一部加え、加筆・訂正して再編集したものです。

4 BARISTA TECNICA　バリスタの技術

092	すべての基本となるエスプレッソ
098	ベストなカプチーノをつくる要素
104	アレンジコーヒーの考え方、組み合わせ方
106	営業時のバリスタの動き
108	バリスタの道具
112	Espresso　エスプレッソ
114	Cappuccino　カプチーノ
124	Macchiato　マッキャート
128	Shekerato　シェカラート
130	Fantasia　アレンジコーヒー
138	Barista Caffè　バリスタカフェ
146	Bar Aperitivo　楽しい食前酒 バール・アペ

5 E PIÙ　and more…

150	競技会で何を表現するのか
152	バリスタ世界大会の思い出
154	IIAC（国際カフェテイスティング協会）と日本支部の活動

156	おわりに

BARISTA PASSIONE
バリスタの情熱

―お客様に喜んでもらうこと。
―本物を伝えること。
この2つのことに対して、
これまでバリスタとして
情熱を傾けてきた。
バリスタの仕事はお客様と向き合うこと。
その素晴らしさを多くの人たちに知ってもらいたい。

BARISTA PASSIONE

バリスタは一生の仕事

バリスタとは

　バリスタは、イタリアでは誰もが知っている職業ですが、日本ではまだまだメジャーな職業ではなく、その名を知っている人も少ないと思います。カフェで働いている人や自分を「バリスタ」と言っている人でも語源や仕事の内容を理解している人は、少ないと思います。バリスタとはBAR（バール）+ISTA（人）=バールで働く人という意味です。

　まずバリスタという職業を紐解いていきましょう。

　イタリアで世界初のエスプレッソマシンが開発されたのが1901年、そして一般消費者がエスプレッソを口にしたのが1906年4月16日のミラノ万博の時です。当時、エスプレッソを淹れる人は、バリスタではなくマキネスタ（マシンの管理人）と呼ばれていました。昔のエスプレッソマシンは、熱源が今のように電気ではなくガスだったため、ガスを常に管理・監視していなければなりませんでした。その役を行なう人・仕事がマキネスタでした。

　その後、エスプレッソマシンが設置されたカウンター（バンコ）で仕事を行なうことから、バンコニスタと呼ばれるようになりました。

　やがてエスプレッソマシンが電気式に変わり、エスプレッソを抽出するプロフェッショナルとして、バリスタと呼ばれるようになりました。これが1962年のことです。

　私がバリスタ・バールマンになろうと思ったきっかけは、まずイタリアが好きだったこと、イタリアの食に興味があったこと、イタリア人のコミュニケーション能力に魅了されたこと。これらを現実に行なえる場所（ステージ）がバールにあり、そこで働く職業がバリスタ・バールマンであったことから「この職業を極めたい」と思いました。

誤解を正して、魅力を広める

　まず、私が日本人に知ってもらいたい「エスプレッソ」「バール」「バリスタ」について誤解を正すことから始めなければいけません。

　私がイタリアンエスプレッソについて話す時、「エスプレッソの五大イメージ」から入ります。それは「苦い」「濃い」「カフェインが多い」「量が少ない」「その割に値段が高い」というものです。

　バールは「バーと同じ」と捉える人が多く、バリスタは「エスプレッソやコーヒーをつくる人」だと思われがちです。特に今は、色々な形・スタイルのエスプレッソが世に出ているので、消費者の方々にとっては、誤解やわからないことがさらに増えていると感じます。

　バールとは、手早く気軽に利用できるエスプレッソやアルコールの立ち飲みなどを通して、人と人とが出会う場です。お客様とバリスタ、お客様同士、バリスタ同士が出会い交流する場、地域のコミュニケーションの場、そして、バリスタである私たちが次世代のバリスタを育てる、その機会が生まれる場です。

　イタリアンジェラートも、私が日本に紹介した1983年頃はバニラビーンズを「ゴミが混じってる」と言われたり、天然のバナナの色を「全然黄色くない」と言われたりしました。

　でも、そんな時代からこの仕事に立ち会えて、本物を極めようと頑張ってきて良かった。もし中途半端にやっていたら、途中から参入する企業が現れて、私たちが目指す「日本のバール文化」の取り組みは埋もれていたかもしれません。

　エスプレッソには集中力を高めてくれる効果があるので、イタリア人は仕事の合間によく飲みま

目指すバリスタ像
理想とするのは、お客様のことがわかって、お客様から愛されるバリスタ。バリスタの人たちからも「こういうバリスタになりたい」と思ってもらえるバリスタ。エスプレッソに対する熱い想いをもちながら、楽しく面白く、エスプレッソを多くの人たちに伝えていくことを目指している。

す。また、食後に飲めば消化を助けてくれます。元気に働いて楽しく食べるためにも、日本人にも楽しんでもらいたい飲み物です。

砂糖を入れたエスプレッソは、コーヒーの香りや旨味が濃縮したエキス。カップの底に残った砂糖はキャラメルのようなおいしいデザートです。

バールは1日のいつでも、何度でも立ち寄って自由に活用できる"止まり木"。バリスタは、そんなバールを用意する"親父""おかみさん"なのです。

バリスタが目標とするバリスタに

イタリアに初めて行った頃はエスプレッソについて何ひとつわかっていませんでした。「五大イメージ」は私自身の実感でもあります。色々な文献を読んで勉強して行った私でさえ、「実は何も知らなかった」と改めて知ったのですから、一般の日本人はもっと知らないはず、そう考えさせられたのです。当時のイタリアilly社の会長、エルネスト・イリー氏（故人）から「チヒロ、おまえは日本でバリスタの伝道師になれ」と言われた私は、バリスタという仕事を知らない人たちのために伝道師になろうと思いました。

私自身が目指すバリスタ像は、お客様の求めるものがわかって、みんなに愛されるバリスタ。そして、バリスタの人たちから「こういうバリスタになりたい」と思ってもらえるようなバリスタです。

良いバリスタは動きもスタイリッシュで、洞察力があり、お客様のニーズを総合的に満たします。バリスタは店全体をコントロールする存在として、やはり優れた職業だと思います。

バリスタを育てるということ

"店は生き物"とよくいいますが、いつも楽しく面白い所であるよう心がければ、お客様にも楽しんでもらえる空気が生まれます。ところが、バリスタの中には「人を楽しませること」の本質を間違えている人もいます。そうならないよう、引き締めるべきところを引き締めるのも、私の仕事です。

この、「教えること」はバリスタの仕事の中で難しいことの1つです。バリスタを育てるということは、マシンでエスプレッソを抽出することだけでなく、精神を受け継いでくれる人を世の中に送り出すことだからです。

店に立って、お客様を迎えたい

バリスタチャンピオンシップで優勝したら「あとはよろしく」と現場の仕事から遠ざかる人もいますが、私は性に合わないような気がします。人を楽しませるのが好きなので、もっとたくさんのお客様と出会いたい。

私は立場上、セミナーや催事で店を離れることも多いのですが、気持ちとしては「いつも店に立っていたい」と思っています。接客はバリスタの大事な仕事ですから、店に立たない人はバリスタとはいえません。

私のホームポジションは、バンコです。店にいる時はバンコにいて店内全体を見たり、お客様と会話をしています。

イタリアでは手早く飲み食いするためのバンコですが、日本では「コミュニケーションを楽しんでもらう場」として機能すれば、イタリアとは違う使われ方でも良いと考えています。

人生経験を生かせる仕事

私にとってバリスタは天職です。これまで自分が経験してきた仕事や旅、人との出会いなど、すべてのことを生かせる充実感もあります。

バリスタになりたい人は、色々なことを経験しておいたほうがいいですよ。人生経験を積んでいることはバリスタの仕事にとって良いことなので、人生経験を積んだ年配の人にも、この仕事に就いてもらえたらと思います。

本物のエスプレッソを伝える

「苦い」「濃い」「カフェインが多い」「量が少ない」「その割に値段が高い」という、エスプレッソの持つ悪い「五大イメージ」が今でも根強くある。エスプレッソの本当の魅力を理解してもらえた時、きっとなぜイタリア人がそれほどまでに親しんでいるのか、その理由が見えてくる。イタリアのバールには、1日中いろいろな人が訪れ、エスプレッソを何度も楽しむ。私はデルソーレを通して、そんな風景を日本にも増やしたい。

BARISTA PASSIONE

ジェラートを通じて、開けたイタリアへの道

ジェラート修業のためイタリアへ

　最初にイタリアを訪れたのは、ジェラートの技術を修得するためでした。フランス料理店の調理場で働いていた頃、所属する会社がジェラートのお店を始めることになり、最も若手だった私が商品開発のために派遣されることになったのです。

　ジェラートのことはその時までよく知らなかったのですが、イタリアへ修業に行くほどのものなのかと驚きました。当時からイタリア料理に興味を持っていた私は、チャンスがあればイタリア料理も学べるかも、という気持ちもあって。最終的には、日本でジェラートについて教えてくれた師匠（バーテンダー）が「ジェラートはカクテルと同じ。職業としてやっていける。日本にまだないものをやってみる価値はある」と言った、その言葉に納得して引き受けました。

初めて触れたイタリア人の情熱

　ミラノあたりではスーツを来た紳士が真剣な顔でショーケースのジェラートを選んでうれしそうに食べる姿をよく見かけるほどジェラートは、「大人のデザート」です。アルコールをきかせたフレーバーも多いですからね。

　イタリアには半年ほどいて、イタリアンジェラートの人間国宝の1人、ガブリ・エッツェル氏に習いました。いざ習い始めてみると、これがめちゃくちゃ面白かった！

　師匠のエッツェル氏からは「とことん考えて、答えを出してから行動しなさい」と言われました。「なぜこうなるのか」と尋ねると、彼は「これが伝統だからだ」と、多くのことを結論づけました。「今までの伝統を大切にしていこう」というイタリアンジェラートの伝統を体現する情熱は、私がバリスタとして文化を伝えていきたいという想いに重なります。

　イタリアで実際に食べればわかると思っていたジェラートも店によって色々で、当初は、一体どれが本当のイタリアンジェラートか途方に暮れました。やがて「最後は自分で決めればよい」ということに気付いたのです。

　例えば、イタリアではレモンといえばシャーベットをつくるもので、食材だけで善し悪しが決まってしまいます。イタリアではシチリアやソレントから良いものが手に入りますが、日本で手に入るレモンでつくっても別物。だから私は、ミルクと合わせて爽やかなジェラートをつくろうと考えました。レモン果汁と牛乳は凝固しますが、ヨーグルトのようで決して悪くないんです。最初は「そんなものあり得ない」と反対していたエッツェル氏も、試食して「こういうのもあるんだ」と。それからも「イタリア人だとこういうふうに考えるんだ」「こういう食べ方をするんだ」という事実をヒントに「こうしたら面白いのではないか」と考えてきました。

オリジナルジェラート開発のため仮説と検証を重ねる

　イタリアから帰国後、材料をシンプルに混ぜ合わせてつくるイタリアンジェラートの基本手法に、食材を1つ1つ検証し組み合わせる独自の手法を取り入れて、日本人に喜んでもらえるようなオリジナルジェラートづくりを日本人の師匠の下で目指しました。

　師匠には、何か質問や確認をさせてもらおうとすると「自分で考えなさい」と言われました。「人と

同じことはするな」「人と同じことは誰にでも考えられる」とも言われました。師匠に言われたことで一番心に残っているのは、物事の「なぜ」を常に考えなさい、ということ。物事がそうなるには必ず理由があり、それを理解し自分のものにしていくように、と。この教えは今でも私の物事の見方に大きな影響を与えています。

ジェラートに使う牛乳と生クリーム、つまり水と油をどのようにしたらマシンの中で分離せずに混ぜ合わせるか。心地良い甘味を感じるには、どう空気を含ませ、砂糖をどの割合で加えるか。料理を学んできた基礎をもとに、配合や熱の加え方など、考えては検証することを繰り返しました。

ジェラテリアで商売を学ぶ

やがて神戸にジェラテリアがオープンし、招待したエッツェル氏から、ジェラートの世界大会「エキシポ・イン・ミラノ」への出場を勧められました。そして、同店が1985年、86年、87年の3年連続金賞受賞を果たしたのです。

このジェラテリアは後に東京の百貨店へ出店を果たし、年間2億5千万円以上を売り上げるほど人気を集めました。ここで私は店長業務も経験し、商売についても学びました。

ジェラート職人として働く
日本でジェラテリアを立ち上げた頃の私。「ひとつの職業として続けていける」「まだ日本では誰も始めていない」ということに惹かれてこの道へ進んだ。考える力と技術を高めてくれた師匠たちとの出会いが、かけがえのない財産になっている。

BARISTA PASSIONE

エスプレッソに出会う、バリスタを知る

バールの視察でイタリアへ

　私のバリスタ人生は1994年、突然のイタリア行きからスタートしました。ジェラートのマシンでお世話になった元株式会社エフ・エム・アイの根岸清さんが「本格的なイタリアンバールを企画しているんだ。一緒にやらないか」と、声をかけてくださったんです。私もちょうどその頃バールに関心を持ち始めていて、資料を集めて勉強していたところでした。反射的に「やりたい」と言いました。

　予定では、根岸さんたちの視察団について行き、バールをまわったり、チンバリー社でマシンの講習が受けられることになっていたのですが、当時勤めていた会社の仕事があったため私だけ出発が1日遅れました。さらに出発便のエンジントラブルなどが重なり、どんどん日程がズレて、やっと視察団と合流してからも、チンバリー社でマシンに触れる機会は逃してしまいました。

バールで、本場の味に出会う

　バール巡りは私とイタリア人と2人で改めて行くことになりました。その日の朝、宿泊していたホテルのラウンジで、彼が来るのを待っている間に何か飲もうとカプチーノをオーダーしました。その当時はカプチーノという名前を聞いたことしかありませんでしたが、日本にいる時に本で読んだような「生クリームがいっぱいのって、シナモンが振ってあり、オレンジピールとレモンピール、シナモンスティックが付いている」ものだと思っていました。私はコーヒーが苦手でしたが、イタリアでみんなが飲んでいるなら、私にも飲めないことはないだろうと注文しました。出てきたカプチーノには生クリームもシナモンも何もなく、ミルクの泡がたっぷりのっていました。一口すすってみると「あっ、おいしい」。コーヒーもこれなら飲める、と感心していたのです。そのうちに待ち合わせていたイタリア人が来て、彼も同じカプチーノを注文、ひと口飲んで言いました。「こんなまずいカプチーノは飲めない。やっぱりホテルのは良くないなぁ」。「えっ、これ、おいしくないの？」私はびっくりしました。「早くバールへ行こう」と促すイタリア人と街へ出て、バールでまたカプチーノを飲みました。確かに、さっき飲んだものよりおいしいんです。何軒かまわるうちに、おいしいカプチーノのミルクの状態などもわかるようになってきました。何軒目かに訪れた、イタリア人が「ミラノでNo.3に入るバリスタがいる」という店は特に抜群で、淹れる人の腕によっても味が違うということを実感させられました。

イタリアンエスプレッソの基準

　コーヒーには苦手意識がありました。その中でも特にエスプレッソには。「不慣れな様子を見せまい」と、飲む時こっそり周りの客を観察しました。すると、砂糖をかなりたくさん入れて、よくかきまぜて、3口で飲んでいるんです。私も、その通りにやってみました。「あっ、うまい。これは飲める！」

　文献で読んだのは「エスプレッソに砂糖は入れない。砂糖を入れたら絶対にかき混ぜない。イタリアでは、みんなそうして飲んでいる」と。日本で得た知識と実際とは、あらゆる点で違っていました。

　私はイタリアに来てから何をどうすればいいのか、焦りも感じていました。マシンに触れる機会もないままでしたし。とにかく、味よりもまず、バリスタの動きをよく見ておくことにしました。それだ

**バリスタ修業時代──
ミラノ『ラ・テラッツァ』**

ミラノのポビジオマッシャーゴという街にある"テラス"という名前を持つバールが修業先だった。店内は、段差があって、中2階もある造りがテラスのようになっている。店名はそこに由来する。バールのタイプはタボラ・フレッダで、オーナーが自宅でつくってきたフードを温めて提供していた。

けでなく、バールのバリスタに質問もしました。バールからバールへの移動の間にも、イタリア人と話をして色々教えてもらいました。

エスプレッソの容量も、本には20ccと書いてありましたが、バールで聞くと25ccだと言うんです。5ccも違うじゃないですか。カップの容量を調べると70ccだから、提供されていたのは25ccより多かったはず。そう思い、根岸さんに話したところ「じゃあメスシリンダーで量ってみよう」と言ってくれたので、2人でバールをまわって、こっそりエスプレッソを持ち帰り、すべて量ったんです。大の男が2人でビニール袋を構えてね。「おい横山、隠せ！」って。「30ccもあるぞ！」「そうですね！」。それをイタリア人に見られ、激怒されました。「あんたたちは科学者か！？ 25ccと言ったら25ccなんだ！ 俺たちが嘘をついてるみたいじゃないか」と。30ccあるんだけど、と言ったら「だったら30ccなんだよ！」。

そのことがあって以来、イタリア人が言うことを鵜呑みにするのではなく、自分たちで検証しながら覚えることにしたんです。

今、デルソーレで出しているエスプレッソは25ccです。基本的に北イタリアでは30cc、中央イタリアは25cc、南イタリアは20cc。最も多くの人が飲む25ccが平均的な飲み心地だという結論に達しました。

『ラ・テラッツァ』でバール修業

バールめぐりの翌日、根岸さんと合流して『ピッツァラート』というバールに行きました。そこは根岸さんがジェラート修業をしたことのあるパスティチェリアでした。しかし、そのお店はお菓子が主役のバールなので、エスプレッソはどちらかというと二の次。「エスプレッソを極めたい」「幅広い利用客に使い勝手の良いバール」という私の目指すタイプとは違いました。3日間働いた後、オーナーに相談し、新しく紹介してもらったのが、本格的な修業先となるミラノの『ラ・テラッツァ』でした。

『ラ・テラッツァ』に移り、オーナーからエスプレッソマシンを操作してみるよう言われましたが、イタリアに着いた時にマシンの講習を受けられず、前の店でも2回くらい触った程度だったので経験なんかありません。最初にホルダーを外そうとして、重くて落としてしまい、いきなり怒られました。粉を捨てようとノックボックスに打ちつけたらフィルターがとれてしまった。針金で留める仕様だったのですが、古くてとれやすくなっていたんです。それに気付かず、粉を詰めて、格好つけてスイッチを押したらジョボジョボとお湯が出てしまう。今度はとれないよう、ホルダーに親指を添えてノックボックスにバーン！ 親指の爪を内出血。それでもめげずにまた粉を詰めて、慣れたふりをしてホルダーをセットしたらズレていて、また横からお湯がジャバジャバ。オーナーが呆れて「はい、今日はおしまい」。

修業を始めた頃は、エスプレッソやカプチーノ、マシンの取り扱い、バールについて、ほとんど何も知らないド素人でしたので、やるように言われたこと（開店の準備、掃除、洗い物、サービスなど）を、オープンからクローズまで行なっていました。

特別なことはしていませんが、ただただがむしゃらに仕事をし、スポンジのようになんでもかんでも吸収しようと必死だった気がします。育った環境からもあまりネガティブなことは考えず、常にポジティブシンキングでしたし、ミスをしてもそれを明日の糧にしようとしました。

しばらくして、バリスタとして身につけるべきカウンター内での考え方や動き方を事細かく教えてもらえるようになり、実践しました。

もちろんカフェやマシンの構造のこと、豆や焙煎のことも習いました。本当に色々なことを多く学びましたが、私にとっての一番大きな学びは、バリスタはお客様からお金をいただく職業であるということ、そして、バリスタはスタッフからもお客さんからも信頼される存在だということです。

お客や同業者から文化を学ぶ

日本人の私がバールで働いていると、「なぜイタリアにいるの？」と、よくお客様に尋ねられました。

**バリスタ修業時代—
ミラノ『ラ・テラッツァ』**

1. 1994年にイタリア・ミラノでバリスタの修業を始めた。簡単なドリンクをつくったり、ホールの仕事をしながらバリスタの動き・オペレーションについて学んだ。**2.** バリスタのフランコと。彼はマシンに精通していた。**3.** 日本人の自分に関心を示してくれたお客様からは、エスプレッソについて色々と話を聞く機会があった。内装、雰囲気など、店づくりに関しても学ぶべきことが多い。

バリスタの修業で来ていることを言うと、イタリアの文化やコーヒーの話を聞かせてもらえました。

修業先のオーナーが言ったことを確かめるため、他のバールを見てきたりもしました。あまり質問ばかりすると嫌がられるので、よく行くパニーノ・バールで教えてもらって。そこは兄弟で経営していて、私がバリスタ修業で来ていることを知っているので、気さくに教えてくれました。

イタリア修業の最後の日に、私をかわいがってくれたお客さんたちがバールに集まり、ハグ！ハグ！の連続で、別れの時間が終わらなかったことが良き思い出としてあります。

外国で何を学んだかを自覚しよう

イタリアのバールを知りたい人は、現地へ働きに行くよりも、さまざまなバールをお客として体験するほうがたくさん見比べられると思います。イタリア語を深く理解できなければなおさらです。お勧めは、北から南にかけて訪ね歩いて比べること。北部のミラノあたりに最も種類豊富にバールが集まっているうえ、利用客の幅も偏りがなくて入りやすいです。東京のようですね。南部は、少量のお湯で濃く抽出されるパンチのきいたエスプレッソが主流。肉体労働者が多く、刺激の強い物が求められる傾向もあるため、リストレットやコルトと呼ばれるショートが通常の量として提供されています。

外国へ箔をつけに行くと考える時代はとうの昔に終わりました。もし行くのなら、そこで見聞きしたものをどう生かすのか、自分の着地点がどこにあるかを自覚することが肝心です。

私の着地点は日本。イタリアで流行っているものをそのまま持って来るのではなく、イタリアでスタンダードなものや流行っているものなど全体を日本に置き換える。野菜やハムなどの素材が異なっていても、料理や接客の基礎は同じですから、基礎をわかっていれば「日本だったらこうだな」と置き換えられます。

さらに視野を広げるなら、シアトル系やスペシャルティコーヒーについても学び、何を取り入れたいか、そもそも自分が何を実現したいのかを考えましょう。でないと、先入観や風潮に流されてしまいます。

独自に特訓した、マシンの抽出とデザインカプチーノ

イタリアのバールではバリスタの動きを徹底的に見て、ひたすらエスプレッソを飲み比べ、感じた印象をノートに書き、動きをビデオに撮らせてもらいました。

帰国してからはマシンを使って集中的に抽出のトレーニングをしました。ビデオを見直すと、その場で気付かなかった動きと、その動きの意味がわかるので、とても効果的でした。

デザインカプチーノも研究しました。今やデルソーレの名物となったデザインカプチーノですが、『ラ・テラッツァ』にいた頃、一緒に働いていたイタリア人のピエトロが、ある時ふざけてカプチーノに絵を描いて見せたんです。それを見て私は「すごい！」と驚きました。これはお客様を喜ばせるのにいいぞって。私たちが今描いている絵柄に比べたらずっと簡単なものでしたが。ピエトロは私より5歳若いバリスタで、技術力があってオペレーションが速かった。もう1人のバリスタ、ピエトロの兄のフランコは私より2つ上。フランコは機械に強く、オペレーションを見せてもらって、色々勉強になりました。印象的な2人でしたね。

一旦日本に帰国して、再びイタリアへ渡り、『ラ・テラッツァ』で内装や小物使いなどを見ながら1〜2ヵ月修業の毎日。東京・初台にバールをオープンするまで、しばらく日本とイタリアを行ったり来たりの日々が続きました。

間違って伝わってきたエスプレッソ

意外に思われるでしょうが、私は、ドリップコーヒーなど、エスプレッソ以外のコーヒーをほとんど飲みません。紅茶とドリップコーヒーのどちらかを選ぶ時は、今でも紅茶を選びます。

イタリアンエスプレッソ

1. 18gの粉で20ccのエスプレッソを出す「リストレット」。ナポリなど南イタリアで好まれるパンチのある味。**2**. 7gの粉を使う「ノルマーレ」は25cc。**3**. 対照的に35ccまで出すのが「ルンゴ」。ロングという意味で、軽いコーヒー感で飲みたい人に。**4**. フォームドミルクを少量加える「マッキャート」。

コーヒーの苦手な私が、エスプレッソのおいしさと効果を実感して「ぜひ広めたい」と思ったわけです。「こんなにおいしいとは知らなかった。もっと知らない人はいるだろう」と。

イタリアで本物のエスプレッソやカプチーノを味わっていなかったら、今の自分はまた違っていたと思います。

エスプレッソが持つ悪い五大イメージ（「苦い」「濃い」「カフェインが多い」「量が少ない」「その割に値段が高い」）は、私自身が最初に抱いていたイメージでもあります。

初めてエスプレッソを飲んだ時の印象は覚えています。20歳ぐらいかな、カフェバーがブームの頃です。当時は「お酒の酔いを覚ますため、砂糖を入れずにチビチビ飲むもの」でした。今にして思えば抽出法も間違っていましたし、「なんでこんな苦いものを飲まなきゃならないんだ」と単純に疑問でした。強烈に苦くても平気な顔をして飲み干すのが大人だと、みんな信じていたんですね。「もうコーヒーなんて一生飲まなくていい」と思ったくらいです。

そんな私も、バリスタとして豆や抽出などコーヒーに関するさまざまな事柄を勉強して、一生、コーヒーに関わる仕事を続けていこうとしているわけですから、面白いものですよね。

エスプレッソの「五大要素」

エスプレッソが持つ悪い五大イメージ。実は、良い五大要素の誤解なのです。

まず、カフェインについて説明しましょう。コーヒー豆に含まれているカフェインは、エスプレッソ用に深く焙煎される段階でかなり揮発します。さらに、圧力をかけて急速に抽出するため、一般的なドリップコーヒー1杯あたりの約半分しか溶け出さないんです。コーヒー豆100g中に含まれる成分のうち、ドリップコーヒーには6％、エスプレッソには25％が抽出されるそうです。4倍以上もの旨味を凝縮したのが、この25ccの量なんです。そもそもカフェインには身体に良い作用もあって、血液の循環を促して頭の回転を速め、疲労感をとって集中力を高めます。リラクゼーション効果もあります。さらに、胃酸を出して消化を助ける。つまり、空腹時よりも食後に飲むことで効果が発揮されます。「胃が痛くなる」「胸焼けがする」というのは空腹時であったり、コーヒー豆の酸化、抽出法の不適切などが原因で刺激を感じたと考えられます。バリスタ次第で、良いエスプレッソをしっかりと引き出すこともできれば、酸味や苦味が勝ったまずいものにもなるのです。

砂糖を入れて、3口で飲む

「苦い」についてですが、エスプレッソには砂糖を入れてください。それによって甘味、苦味、酸味がバランスよくとれるのがエスプレッソの飲み方です。エスプレッソカップにスプーン山盛り1杯の砂糖は多いように感じますが、実はジュースを飲むより断然少ないのです。イタリア人は2杯、3杯と入れる人もいます。入れたらスプーンでかき混ぜ、3口で飲みます。最初、アロマを楽しみながら1口。2口目で苦味と酸味を舌に感じ、3口目で甘味と香りの余韻を味わってください。

溶け残った砂糖はキャラメルのような味わいでデザート感があり、小さなカップでも満足がいっぱい。きちんと淹れたエスプレッソの後味には、心地良い余韻はあっても苦味が残らないはずです。砂糖は、グラニュー糖が一番合います。

エスプレッソの値段が高いというのは、量が少ないからそう感じるのでしょう。デルソーレでは1杯（シングル）200円、バンコで飲めば180円、これが適正な価格。1度に1〜2杯、1日に何回でも利用できる値段です。

以上で「苦い」「濃い」「カフェインが多い」「量が少ない」「その割に値段が高い」というイメージは、エスプレッソが本来持つ特徴の五大要素だとおわかりいただけたと思います。

カプチーノは、ぬるいからおいしい

人気商品のカプチーノに関しても誤解はあり

イタリアのバリスタは動きが速い

1. 2. 3. 仕事や買い物の合間に立ち寄るお客が手早く利用できるよう、一流のバリスタは動きが速くて正確。カウンターの内側は体の動きが最小限で済むように、エスプレッソマシン、その横にミル、台の下に冷蔵庫といった機器、食器、ボトルなどがコンパクトにまとめられている。カウンター内の通路は狭くしてある（平均60〜70cm）。カウンターの天板も幅が狭いので、お客との距離がとても近くなっている。**4.** ミラノのバールで。カウンターにズラリとおつまみが並ぶ。

す。お客様から苦情のように言われるのは「ぬるい」ということが一番多いです。

　牛乳は、熱くすると膜が張ります。この膜は旨味で、捨てると旨味のなくなった、ただの白いお湯に。牛乳の旨味が最も出る温度は65℃。そしてお客様が「ぬるい」と感じるのも、この温度なのです。

　他にも「シナモンが入っていない」「シナモンスティックは付かないのか」と言われます。シナモンは風味が強いため、イタリアでは使いません。エスプレッソの楽しみのひとつはアロマで、アロマは香りの強いものとの相性が良くないからです。

　チョコレートとは相性が良いので、ココアパウダーはよく使われています。イタリアでは、あらかじめカプチーノにココアパウダーを振って出す所や、前もって「入れますか？」と聞いてくれる所、カウンターに自由に使えるように置いてある所があります。

　エスプレッソもカプチーノも日本では誤って捉えられ、苦情を言われることが今でもあります。上手に誤解を解くのが私たちバリスタの使命。「知らない」ということはお客様にとっても店側にとっても損ですから。デルソーレではお客様が普段飲んでいるものを尋ねるとともに、エスプレッソやカプチーノの仕組みを説明し、納得してもらえるように心がけています。

バリスタは、お客様をよく見る

　イタリアの一流のバリスタは動きがきれいで速い。そして、お客様をよく見ています。アルバイトやパートタイマーのバリスタはほとんどいません。

　私がミラノで働いていた時、自分と同じアジア人の顔は見分けられるのに、イタリア人の顔は同じに見えたんです。先輩からは「服の色やネクタイの柄も手がかりにお客様を覚えるように」と注意されました。また、目の前にチケットを置いたお客様が、ドリンクを渡そうと顔を上げたら消えていて、いつの間にかバンコの端に移動していたことも。「こちらカプチーノ……え、違う？　えーっと……」。せっかく手早く淹れても、提供にもたついていては意味がありません。

　プロは、オーダーが集中していてもチケットを取り忘れたり聞き間違えたりしません。どんどんつくっては「はい、あなたはカフェ（エスプレッソ）ね。あなたはカプチーノ。あなたもカフェ。そちらはマッキャート」と、パッパッと出していく。最初に見た時は「この人たち、すごいなぁ」と感心しました。たくさんのバリスタがいて、プロとしての個性も見られます。実に勉強になります。

　イタリアのバリスタはエスプレッソを淹れる時に必ずチラッとお客様を見ます。どの人に何をつくるのかを確認する意味もありますし、「あの人、チケットをここに置いてバンコの端に移動した」という、お客様の動きも細かくチェックしています。この「お客様を見る」ということを、特にイタリアでは勉強しました。言葉がわからないなりにどういうことを求められているのか、目で見て感じ取る大切さを実感しました。

　私は調理の仕事を始めた当初もシェフの手の動きを見て勉強しました。プロは「塩を何ｇ」なんて量りませんし、なぜその量を入れるのかなど作業中に教えてもらえるとは限りません。積極的に見て、自分で分析することによって理解が深まるのです。

バリスタはいつも明るく楽しく
笑顔を忘れない

バールは地域のコミュニケーションの場で、バリスタは接客のプロ。利用客同士を仲介する役割も果たし、情報通でもあるため、イタリアでは「その町のことは床屋かバリスタに聞け」といわれるほど。接客業は笑顔が基本。人々の良き話し相手、聞き相手となるバリスタは、常に明るく楽し気な印象を与える存在だ。

BARISTA PASSIONE
バリスタは心・技・体

"バールの親父、おかみさん"

「バリスタとはエスプレッソを淹れる人のこと」。時々、そんなふうに一言で紹介されるためか、エスプレッソの抽出に専念するのがバリスタの仕事だと捉えている人も多いようです。

実際にデルソーレでも、「バリスタになりたい」と意気込んで入って来た人が、私たちの店はアルコールも出すし、料理のメニューも多いことを知った途端に「イメージと違っていました」「コーヒーの仕事はしたいけど水商売はちょっと……」と言う人がいます。エスプレッソの魅力を知ったらバールのコンセプトを理解して、なぜ食事メニューが豊富なのか、なぜアルコールも扱っているのか、考えてほしいです。

私が普段から言っているのは、「バリスタは、男性ならバールの親父、女性ならおかみさん」だということ。つまり、フロア全体を見る責任者。店によく足を運んでもらえるよう、お客様のニーズをつかんでメニューを考え、使い勝手の良い場所をつくる立場です。何か1つのことに専念するという仕事ではないのです。

「バリスタという名前がなんとなくカッコいい」「マシンでエスプレッソを淹れてみたい」「調理場での経験がないから、ドリンク担当で」などという理由では、バリスタは務まりません。

バリスタは「心・技・体」の仕事。相撲と同じです。こういう所にイタリア人と日本人の精神性の共通点を感じられますね。

バリスタを志す強くて明るい心、丈夫で元気に働ける体、プロとしての目標に向かってコツコツ積み上げる技術。心も技も体もちゃんとしていないと、お客様に良いものは出せないのです。

「心」…人を元気にする、明るい心

バリスタは接客業ですから、お客様が店に来て何を求めているのか、それをどう満たし、楽しんでもらえるかを常に考えましょう。

デルソーレの「ソーレ」とは、「太陽」という意味です。太陽のように明るい元気をお客様に持ち帰ってもらうためにどうするか。お客様に言われて一番ありがたいのは「楽しかった。ここに来ると元気になるよ」という言葉。人を元気にしてあげるには、自分も精神的に豊かでいるべきです。

そして、お客様をよく観察することです。「先ほどから魚料理をよくオーダーしているな。次に勧める飲み物は、ワインなら赤より白。その前に飲み口の軽い白のスプマンテを勧めてみよう」という具合に。お客様にとって、自分のほしいものを考えてもらうのはうれしいものです。

さらに、アペリティーボ（食前酒）を勧める時はバンコ（カウンター）に案内して、アルコールを楽しみながら他のお客様と話をする機会をつくってあげるのも良いですね。

目的意識を持つ、強い心

例えば「ワインバーで働いていました」「ここに来る前は○○で店長を任されていました」という人は、詳しい知識を持っていること自体はいいと思います。ただ、ワイン以外の料理のことや新しい店の仕組みなど、未知のことをこれから勉強したうえで、これまでに培ってきた知識や経験を生かしていけるかが重要になります。

デルソーレでは、スタッフの持ち場は頻繁に変え、業務全般を経験させています。そのために「や

っぱり無理」と辞めていく人もいます。1日1日を何ごともなく過ごすだけでは、先へ進めません。仕事の質が良くなければ、デルソーレではペナルティの意味も込めて下働き的な作業からやり直してもらいます。

　向上心があれば良い経験を重ねることができるでしょうが、自分自身を甘やかしているうちに、後から入って来た人にまで注意されたり、やり甲斐のある仕事もできなくて、つらくなって辞めてしまう。「自分の居場所、存在価値を見出したい」という若い人はたくさん来ますが、かえって自分から居場所を狭めていることも多いのです。「自分の店を持ちたい」と言って働きにやって来る人たちの中で、そのために努力している人は本当にわずかです。

営業時のバリスタの仕事

1. 1日をスムーズに動けるよう、バリスタは、出勤したらまずカウンター内の準備を行なう。その日の天候や温度、湿度を見てコーヒー豆を挽き、何度か抽出しながらマシンの微調整をする。**2.** 営業中は伝票をチェックして、オーダーの出方にも注意。気軽にリピートしてもらうためには客単価が上がり過ぎるのも良くない。スタッフがメニューを把握し、食後のエスプレッソまでバランスよく勧めているかといったポイントも伝票を見るとわかることが多い。**3.** 常にお客様の目に触れるマシン周りは、手が空いたらきれいにしておく。こまめな掃除は重要な仕事だ。

「技」…身体で覚え、自在に操る技術

　技術は、何度も繰り返すことで頭にしっかり入れ、身体にも覚え込ませる以外にありません。

　私が特に努力したのは、エスプレッソを何千杯、何万杯も抽出してみることでした。集中的に経験を重ねることで、どういう状態が良くて、どういう状態が悪いのかをつかみ、マシンの操作法とクセを把握して「こうすると、こうなる」と仮定します。それから検証し、すべてを理論づけて積み重ねてきたのです。

　例えば、抽出したエスプレッソの量が一定ではなかった時に、まず「なぜだろう」と考えてみる。豆の量が足りなかったり、タンピングができていなくてコーヒーの粉が片寄っていたりと、原因がわかったら書き留めるなどして覚える。同じ失敗を繰り返さない。その繰り返しがないと技術は安定しないのです。私はエスプレッソの抽出を確かなものにするためにオープン前はもちろん、終業後にも毎日練習してきました。

　お客様の好みや、その日の気分などに合わせて自分のイメージ通りの変化を加えられるようになるためにも、確かな技術が必要です。

　私の持論である「基礎なくしてアレンジなし」。これは私が、基礎があるおかげで今があると自負しているからです。その反対に、例えばデザインカプチーノなどアレンジの面から始めようとすると、長続きしないでしょう。

　バールに立ち寄ったはいいけれど、ちょっと今日は体調が良くないというお客様が来られたらエスプレッソを淹れるにしても、通常の出し方でいいのかどうか考える。お客様が帰る時に満足させてあげられたかどうかが、バリスタの評価となるのです。

「体」…目標を目指して頑張れる体

　私が飲食の世界に入ったのは20歳を超えてからなので、遅いスタートだった分を埋めるため、努力しました。

　私がフランス料理の調理場で働いていた時は、先輩がほとんどいなかったので、すぐ上がシェフでした。実践型で仕事が覚えられた点では環境が良かったと思います。「1回しか教えないからな」と言われて必死で覚えようとしたし、知識を蓄えるために一生懸命勉強して、ジビエの扱いなどもやらせてもらいました。たくさんの本を読んで、少ない収入をやりくりしながら、色々なお店に食べに出かけました。

　例えば、20歳で入って来た人と25歳で入って来た人とでは、5年間の開きがあるわけです。その5年間をどうやって縮めるか。それだけ勉強を頑張らないといけないわけです。

　20代後半で「バリスタになりたいんです。自分にとって最後の賭けにしたい」と書いた履歴書を持ってやって来て、まず最初に「休みはどれくらいもらえるんですか」と聞いて来る人がいます。高校を卒業してすぐ始めた人は18歳。それより10年遅れてのスタートなのに、休むことを先に考えて、一体いつになったら追いつけるというのでしょうか。

　「勤務時間が長い。休みが少ない」という不満を言えるのは、雇われているうちだけ。むしろ若いうちに体のリズムをつくっておくために体を使っておくべきです。歳をとると、どんどん衰えていきますから。

　「自分の店を持ったら頑張れる」などという見込みは、実際には通用しないもの。頑張るべき時に頑張れるよう体をつくっておきましょう。

営業時のバリスタの仕事
アルコールの楽しみ方を伝えるのもバリスタの仕事。「32種類のスタンダードカクテルをひと通りつくれること」はバリスタの条件でもある。オリジナルカクテルをアペリティーヴォ（食前酒）に勧めれば、お客様の食欲も楽しさも高められる。シェーカーはシェカラートやアレンジドリンクなどにも使うので必要な道具の1つ。

BARISTA PASSIONE

バリスタに必要な7つの力

仕事をしっかり進められる「体力」

　体力は、自分自身をコントロールするためにも必要です。疲れていてもお客様と向きあう必要がありますからね。

　私の場合は学生時代にバスケットボールをやっていて体ができていたうえ、酒もタバコもほとんど嗜みませんし、若い時から飲食の仕事を続けてきたので生活のリズムができているんですね。

　今まで関わってきた仕事の1つ1つが「極めたいこと」の連続だったので、その間「休みたい」とも思いませんでした。いざやるとなったら極めるまでやりたいタイプなんです。

　「体力」が気持ちを支える部分は大きいと思います。体調が万全であれば、気力も充実しますし、知識や機転もちゃんと働かせることができます。

平常心をもって本質を極める「精神力」

　勤めていれば上役からガミガミ言われることもあるでしょうし、お客様からクレームがきたりして、「なんで俺が、私が、ここまで言われなければ」と感じることもあるでしょう。また、褒められることも平常心を失わせる原因になります。

　バリスタは人と接する仕事なので、精神的に打たれ強い人が向いています。気持ちが弱っていると「こんなもんかな」という弱気な姿勢がエスプレッソの味にも出てしまいますから。弱い人は自分にとって少しでもラクなほうを選んでしまい、その結果、同じ失敗を繰り返したり、コンプレックスを抱くことになるんです。

　クレームがきても自分個人が否定されたわけではないので落ち込まず、きちんと対処し、物怖じしない。木に例えるなら幹の部分をドーンと太くしておくこと。そうすれば、枝葉ものびのびと広げていけるでしょう。

お客を楽しませ、信頼をつかむ「知力」

　バリスタはお客様との会話ができなければいけません。例えば自分が政治・経済に対して個人的な関心が薄いからといって、お客様の話題に「はぁ」としか反応できないようでは興醒めです。常に周囲のことに関心を持つように心がけ、新聞やニュースで時事をチェックしておきましょう。

　地域の催しなどを情報としてつかんでおくことも絶対に必要です。デルソーレのように店舗が複数ある場合は各店についても知っておき、「良かったら行ってみてくださいね」と勧められるようにしなければいけません。

　逆に、コーヒーやワインなどの商品に関する知識は、お客様が満足できるものを提供できるように自分の中で蓄えてゆくもの。決してお客様にうんちくを垂れるためのものではない、ということを覚えておいてください。

ニーズに応え、魅力を発信する「企画力」

　お客様の求めるものをどうやって商品に反映させるか、どういうかたちで提案していくか。例えば新メニューをセットで勧めたほうがいいのか、単品でアピールするのか、出す時期はいつがいい

バリスタ・バールマンとしての理念
私が後輩たちに伝える「バリスタ・バールマンのあるべき姿」は、すべてイタリアを基本として考えている。イタリアのバリスタ・バールマンの考え方・やり方が、デルソーレの基礎となっている。流行りには流されず、イタリアの伝統を重んじ、その考え方・やり方を守りながらスタッフに伝えていきたい。

のか。全体的なバランスを見ながら、それらを考えられる力が「企画力」です。

　個人店が大手チェーンより有利な点は、そのお店ならではの企画が生かせること。情報のアンテナを張り、お客様を日頃からよく観察しておくことが企画力を高めます。

店を、人々を動かす「運営能力」

　運営能力は、立案した企画を実行する力。企画を生かし、そちらに向けて店全体を引っ張っていくリーダーとしての力です。

　リーダーとなる人には責任感はもちろん、人間的な魅力が備わっているものです。魅力がなければスタッフもお客様もついてきてくれません。例えば、すごくルックスの良い人でも、言葉の使い方を知らない、気がきかないとなれば、最初のうちは寄ってくれたお客様もスーッと離れて行ってしまう。そんな時、地味だけれど人柄の良い、気持ち良く働いてくれているスタッフがいたら、そちらに行くでしょうね。面白い企画を実際に行なうためには、人を引き付けられるということも大事です。

お客様の満足度を高める「接客力」

　愛想を良くすることだけが接客ではありません。まず、商品についてよく知っておくこと。それから、相手のことを知りたいと思うこと。その心構えが満足度の高い接客を実現します。

　何度かグループで来店している人が、その日たまたま1人でバンコに来たとします。「当店は初めてですか？」なんて不用意に声をかけたらがっかりされますよね。そこで、スタッフに聞いて確認するようにします。

　また、初めてのお客様に対しても洞察力を働かせます。エスプレッソをオーダーしたお客様に「リストレットで」と言われた時のこと。リストレットということは、飲み応えがほしいんだなと想像して、ダブルの豆で強めの味に出したんです。「おいしかった。エスプレッソはこうじゃなきゃ。やっぱりさすがだね」と喜んでもらえました。

　まず、お客様を観察すること。例えば、私がお客で来たら、どうにもサラリーマンには見えないですよね。その人の格好や雰囲気、話し方などをどう見るか。私ならコーヒーの仕事をしているから、爪にコーヒーの粉が入ったりしているわけです。そういうことに気付くかどうか。ただし、服や時計のブランドなどを平気で指摘したり、店の裏側の事情とか、「僕たちはこうしてお客様のことを見てるんですよ」と、手の内を見せてしまうのはNG。かえってしらけた空気をつくってしまう不粋な行為です。

　スタッフ同士の情報、お客様との対話を生かして「このお店ならわかってくれる」という満足度につなげてください。

技術を積み上げ、目標に向かう「忍耐力」

　修業には、忍耐力が必要です。修業というと古くさく聞こえる人もいるでしょうが、ここまで話してきたような「バリスタに必要な力」は一朝一夕で身につくことではありません。修業と、それに伴う忍耐が必要なのです。

　デルソーレは「飲食」と「接客」に力を入れています。仕事は多岐にわたるので大変ですが、真剣に取り組めば技術と自信がついてきます。それを積み重ねることで、揺るぎない太い幹ができます。

　「カフェやバールならレストランと違って修業が要らない。アルバイトでも、マシンを使ってエスプレッソを淹れられる」と捉えられている部分があって、「お店に入って2、3ヵ月経ったのにマシンにも触らせてもらえない。接客や、お酒のこともしなきゃならない。とてもやっていられない」と辞めていく人もいます。

　何のための忍耐なのか、目標に到達するために耐えることの大切さを自覚しましょう。

バリスタはコントローラー

"バールの親父、おかみさん"として場全体を把握し、コントロールするのがバリスタ。お客様が入口に立ってから店を出るまで目を配り、スタッフに指示を出して、店が円滑に動いているかどうか気を配る。お客様とスタッフへ目配り、気配りができるように自分の心身をコントロールできることも必要になる。

BARISTA PASSIONE
バリスタのハート

お客様に関心を持ち、お客様をよく見る

「バリスタになりたい」という人に心得てほしいのは、お客様の満足度を高めるために、その人に関心を持ち、よく観察して、どんな目的でお店に来ているのかを考えることです。エスプレッソを淹れる時、スピードだけではなく提供の仕方も変化することでしょう。

お客様のことを見なければ、自分の理論やうんちくを一方的に押し付けるかたちになってしまいます。逆に、「面白い」「楽しい」と感じて関心を持ってもらうことは、文化を伝える立場として必要なことです。

人が話している時は、まず聴く。話に割って入らず、考えながら聴くのです。「この人は何を言いたかったのか」ということを察します。

お客様のニーズを察して、それを具体的に表現できるようになるためには、必然的に技術とセンスも磨くことになります。そんなバリスタの情熱が、お客様に「おいしい」「面白い」「楽しい」と感じてもらえる要素になるのです。

文化に対する関心を高める

エスプレッソが好きなお客様には、最初の1杯を早めに提供すると良いでしょう。どんな味が好みなのか、イタリアへ行って飲んだことがあるのかなど、対話していく中で「ではもう1杯、今度はリストレットを試してみませんか」という具合におかわりを勧めることができれば、エスプレッソのバリエーションやイタリアの地域性との関連にも話題が広がり、自然な形で文化的な関心を引き出せます。

逆に「ノルマーレですか」と聞いた時、「ルンゴでちょうだい」という人は、あっ、この人知ってるんだなとわかるので、さらに聞いてみるんです。「よくエスプレッソをお飲みになるんですか」「うん。昔、イタリアにいてね」「どの辺りにいらしたんですか」「ローマでね」……このような会話になったら、そうか、じゃあローマのルンゴならこれぐらいだなと出すわけです。

北から南にかけてイタリアのエスプレッソの地域性を実際に飲んで知っておくと、こうした咄嗟の判断ができ、ファンを増やしていくことができるでしょう。

サービスはタイミング良く、効果的に

お客様への対応は、相手の気配を察して柔軟に行ないます。忙しそうな人たちには手早く出してあげる。ゆっくり過ごしたい人には対話のきっかけも一緒に提供できるといいですね。例えば、2人で来店した男女の服装を見て、作業しながら会話の内容をさりげなく聞きます。聞こえて来る言葉遣いや雰囲気から、その2人がどういう関係なのか、カップルか、仕事の関係なら同僚なのか、先輩後輩か、取引相手なのか、などがわかってきます。その2人が式場の話をしていたり、ウエディング関係の雑誌を見ていた場合、「結婚を考えているカップルなんだ」とわかります。そこで、オーダーがカプチーノだったら、女性にはキスマーク、男性にはウエディングベルを描いて「お待たせしました。……そろそろ結婚しますか」と出してみたりもします。

他にも、煙草を吸っていない2人連れの所にスワンとサルをそれぞれ描いて持って行き、わざと「あれ？ 灰皿出てませんけど」と声をかけます。「吸わ

バリスタのハートは
常にお客様を向いている

良いバリスタの条件は、人が好きでホスピタリティがあること。お客様へさりげない会話や話題の提案ができること、お客様のオーダーの傾向まで把握できることが一流のバリスタ。「お客様のことを知りたい」「楽しませたい」と思う気持ちが大切だ。

ないんですか？」「あ、吸いません」「スワンですか」と、スワンを描いたカプチーノを置く。「面白いですね！」と、お客様がのってきたら「面白いですね。ウキウキしてきましたね」と言いながら、サルを描いたほうを出して「ウキウキ、モンキッキー」と会話にストーリーをつくります。

こんな風に客席に入っていく場合は、タイミングとさりげなさもポイントです。私の場合は、パッと話しかけてスッと引いちゃう。そのほうが「あれっ？もっと話を聞きたかったのに」と余韻を残せるんです。

絵柄にはストーリーを込めて

絵柄にメッセージを込められるデザインカプチーノ。私はオーダーが入ると、必ず「男性か、女性か」を確認します。ウエイターやウエイトレスには色々な情報を伝票の裏に書いてもらいます。例えば「2回目の来店で、前回はウサギを描いたカプチーノを召し上がりました」とか、「今日はジャズライブの帰りです」とか。それらをヒントに絵柄のイメージを膨らませます。前回ウサギの絵柄で飲んだ人には他の動物を描いたり、ライブ帰りのグループなら、歌っている顔や音符など、絵柄を1人1人変えて描きます。運ばれて来るたびに1つ1つのカップをみんなで覗き込んで盛り上がり、ライブの余韻を楽しんでもらえるように気を配ります。

デザインカプチーノを話題の糸口に生かすには、お客様の関心を一瞬でも引き付けるようなストーリー性を込めます。単にリクエストに応えるだけというのは、私はしません。絵だけで喜ばせるのではなく、話のストーリーがあって、お客様の中に印象づけられるようにもっていきたいんです。

洞察力で店全体に目配りを

自分が店の経営者なのだと考えれば、あらゆることを先を見て行動する洞察力が要ります。

案内係は、単にお客様を席に案内するだけが仕事ではありません。瞬時の判断で、より良い居心地を提供できるかどうかを問われるのはここです。お客様をパッと見た時に、その人の体調も見抜けるかどうか。疲れているようであれば、ソファ席を勧めてみると気がきいているでしょう。逆に、元気そうならバンコで立ち飲みを提案してみることもできます。

来店したお客様を歓迎しながら、店内全体の調和を考え、すでに店内にいるお客様のことを先に考えなければいけません。

デルソーレは禁煙ではありませんが、タバコを吸いながら入ってきたお客様には、歩いている間は火を消してもらうよう頼むのも案内係の責任です。落ちた灰が他のお客様の料理に入るかもしれませんし、店内を子どもがうろうろしていたら、タバコを持った手を下ろした拍子に子どもの目にあたるかもしれません。

タバコの火を消してもらうことが、果たしてお客様に対して失礼になるのかどうか。そうしてもらった時ともらわなかった時とで、どんな問題が予想されるか、先を見越して行動できてこそ、お客様全体に心地良く過ごしてもらえる店になるのです。

デザインカプチーノには
1つ1つ意味がある

お客様の会話や情報をヒントに、メッセージや話題の糸口を込めて驚きと楽しさを提案するデザインカプチーノ。美しい仕上がりは「ミルクの泡のきめ細かさ」「正確な手の動き」「ひと目で伝わる絵柄を手早く描く」技術の集大成だ。デザインカプチーノはエスプレッソへの関心につなげる役割も持つ。デザインの可愛らしさだけが魅力ではない。

BAR CULTURA

イタリアンバールの楽しさ

イタリアには約16万軒ものバールがある。
イタリア人は1日に何度もバールに立ち寄り、
エスプレッソやアルコールを楽しんでいる。
バンコ（カウンター）では、知らない人同士が
自然な挨拶と会話を通じて知り合いになる。
バールは社交や憩い、インコントロ（出会い）の場。
人と人とのコミュニケーションの場。
イタリア人の日常とともにあるバールは、
イタリア文化の楽しさのひとつだ。

BAR CULTURA

イタリアンバールの楽しさ

生活に溶け込んだ存在

　イタリアには、町のいたるところにバールがあります。のどかな生活の息づく街角にあり、そばには教会や広場があり、老人や猫がいる、というイメージを持っています。

　イタリアのバールの楽しいところは、なんといっても「イタリア人の生活が見える」ことでしょう。私は「生活」イコール「その国の文化」だと考えています。

　イタリアと日本は地形が似ていて、気候や、採れる食材も近いものがあります。南イタリアでは野菜や魚介類をよく食べるし、植物油を使うし、お米も食べます。そのせいか、日本人と南の人とは体型も似ている気がします。北には体格の大きな人が多いですけどね。食生活が似ているなら、きっと日本人にも、バールのような文化は合うと思います。

　エスプレッソは集中力を高めるものなので、イタリア人は仕事の合間などに度々バールを利用します。私が働いていたお店では1日に8回来る人もいました。計算すると2〜3時間おきに来ていることになります。それくらいよく利用します。つまり、バールはイタリア人の生活に溶け込んだ存在なのです。

普段着の利用客を通して
文化が見える

　日本でも接待で利用するような日本料理店に毎日通う人がいないのと同じで、イタリア人も毎日イタリアンレストランに行くわけではありません。

　イタリア人とレストランで会食した日本人が「イタリア人は話が長いね」と言うことがありますが、高いレストランで払う料金の中には優雅な時間代も含まれているのです。

　バールはそれとは対照的です。パッと入ってスッと飲んでパッと帰る。「また来るね」と言って、また来ている。かと思うと、じっくり会話をして時間を過ごす人もいる。話題も、熱く語ってるなと思って聞くと単にサッカーの話だったり。

　朝から夜まで、自分なりのペースで気軽に使えるのがバール。人々が仕事や買い物の途中に、仕事着や普段着のままの素顔を見せてくれるのがバールなのです。

目的に合ったお店を探しやすい

　イタリアでは、食べたい料理のお店を探すのがわかりやすくなっています。何を提供するお店なのかはもちろん、ランクも分かれています。例えばリストランテ（高級レストラン）、これよりカジュアルなトラットリア、オステリア、ピッツェリア（ピザ屋）など。ランクというと語弊がありますが、要は目的に合ったお店がすぐわかるので、安心感があるわけです。

　バールも、エスプレッソ以外に何が売りなのか、名称で区別されているのでわかりやすくなっています。パスティチェリアバール（お菓子）、ピッツェリアバール（ピザ）、エノテカバール（ワイン）など。

　イタリア人にとってバールは、楽しい食事に出かける前後のウォーミングアップをしたり、余韻を楽しむことができる場でもあるんです。リストランテでも食前酒は飲めますが、その前にバールに寄って、バンコでアペリティーボ（食前酒）をひっかけて行けばリラックスして楽しい気分になります。家に帰る前にもちょっと寄り道してバールへ。エスプレッソで満腹を癒しながら、おしゃべりの続きをしたり、お酒の酔いをジェラートで醒ましたりする姿が見られます。

バールの風景

お客がバンコに立つバールの日常風景。写真は、イタリア中部の美しい田舎町トスカーナ州モンテプルチアーノにある『カフェ・ポリツィアーノ』。約150年続いている老舗。歴史あるカフェやバールでは、都会の新しい店とはひと味違った落ち着きとぬくもりのある雰囲気を味わうことができる。

バリスタとは、文化を支える役割

　イタリアにはさまざまなバールがあります。100年以上の伝統を誇るバール、ファッションブランドが展開する最新のバール、お菓子やジェラートが中心のバール、お酒が中心のバール……業態も色々です。イタリア人は誰もが"ミオ・バール（私のお気に入りのバール）"を持っています。

　良いバリスタが店を移れば、お客様も一緒に移るのは当然あること。良いバリスタとはお客様のことをどれだけ理解しているのかで判断されます。話が合うとか、情報量が豊富だとか、お客様によって判断基準は色々ですが、やはり、自分の好きな味の飲み物をつくってくれるという点は外せません。イタリア人にとって、食べること、飲むことは最大の楽しみなので、それだけうるさい人たちが多いです。バリスタがお客様によって抽出の仕方を変えるのはよくあること。そんな風に対応してもらえたら、お客様にとってうれしいに違いないですよね。こうしたバリスタのホスピタリティが、お客様とのつながりを強くしているのです。

　バリスタの中には、お客様が思い思いに楽しむことを優先し、控えめな態度をとる人も少なくありません。そういうタイプのバリスタは日本で伝えられる陽気なイタリアのイメージとは違い、ホテルマンのような存在感を放っています。

　バールがイタリアという国の文化を表すものだとしたら、バリスタの誇りはその文化を支えるスペシャリストだということ。バリスタの素晴らしさもここにあります。

バールの風景

1. 蝶ネクタイを締め、白ジャケットを着込んだバリスタが活躍する『カフェ・コヴァ』。創業は1817年、ミラノの老舗として知られるバール。"カフェ"と名の付くバールは、かつて高貴な人々しか利用できなかった高級店だ。**2**. とあるバールのハッピーアワー。夕方5時頃から7時頃まで、バンコに並んだストゥッツィキーノ(おつまみ)をアルコールとともに楽しめるバールのサービスタイム。**3**. 開放的なテラス席もバールの魅力の1つ。デルソーレにもテラス席があり、憩いの空間として多くのお客様の利用がある。

BAR CULTURA
イタリアンバールの成り立ち

イタリアにコーヒー豆が伝わる

　コーヒーの発見は、エチオピアでヤギが赤い実を食べて興奮し、一晩中元気でいるのを人々が目にして、その作用に注目したのが最初だとされています。1863年にウィーンを包囲したトルコ軍が不眠不休で進撃できたのも、彼らが持参したコーヒーの効果だといわれています。それを退却させるのに一役買ったのはマナレージという男で、彼はウィーンを救った褒美に、トルコ軍が残していった大量のコーヒー豆をもらい受けました。

　このマナレージはフィレンツェで食料品問屋を営んでいました。彼はもらったコーヒー豆を自分で焙煎し、「カフェに卸すよりも一般客に売って、個人消費を伸ばそう」と考えたのです。

　当時、イタリアにはフランスからカフェテリアが伝わっていました。しかしそこは貴族や文化人が優雅な時間を過ごす所。庶民には縁のない場所だったのです。例えば、ミラノの『カフェ・コヴァ』や『カフェ・サンタンブロース』、ローマの『カフェ・グレコ』、ナポリの『カフェ・カンブリノス』。みんな店名にカフェと付いていますが、これらはその頃から続く高級店です。造りも豪華で、バリスタたちも白いジャケットを着て蝶ネクタイを締めています。

　マナレージは、こうしたカフェテリアと同じ抽出法でコーヒーを淹れ、試飲サービス付きの焙煎豆の販売を始めました。その頃のコーヒーはトルココーヒーと呼ばれ、コーヒーの粉と砂糖を一緒に煮出し、上澄みをカップに注ぐもの。試飲なので、テーブルやイスは置かずにカウンターで立ち飲みしてもらうようにしたのです。

　庶民には手の届かない高級店に行かなければ飲めなかったコーヒーが、「マナレージの店に行けば、豆を買うか買わないかはともかく飲ませてもらえるそうだ」と話題になりました。コーヒーの香ばしい香りが周囲に漂うマナレージの店を、大勢の人が訪れました。「優雅に味わう高級品」を立ち飲みできる点も斬新に映ったのでしょう。文献には"直立不動"を意味する「カフェディリッティ」という言葉が生まれたと記されています。

バールの語源はアメリカの西部劇

　バールはBarと書きます。カクテルなどを楽しむバーと綴りは同じです。

　そもそも、名前はアメリカのショットバーからきています。マナレージが店の形態をバールと名付けたのは、アメリカ映画の西部劇で見るカウンターをイメージしたようです。バーは、棒。つまり、足をかけたり、腕をのせたり、馬をつないで休ませておくための棒。鳥が羽を休めるための"とまり木"。そこから「ちょっとひと休み」の意味が込められました。

　Barをイタリア語で発音すると「バール」。最初はバールという言葉そのものがありませんから、イタリア人の中には、耳慣れないこの名称を、マナレージやトルコ人の名前だと考えた人もいたようです。

　マナレージの店では、コーヒーの立ち飲みが好評で、「家ではコーヒーを淹れないけど、立ち飲みには出かける」というお客がほとんどでした。そこでマナレージも発想を変え、「立ち飲みならお客は長居をしない。仮に焙煎豆が500g売れても、それを使い切るまでお客さんが来なくなってしまうよりも、毎日通ってコーヒーを飲んでもらったほうが利益が出る」と考えるようになりました。

　これが、今のような立ち飲みスタイルのバールの始まりといわれています。

カフェ・コヴァ
ミラノの『カフェ・コヴァ』のように歴史を誇る高級店は、紳士的なバリスタが多く、訪れる客層も品のある人たちが多い。お客のきちんとした服装と振るまいが、お店の雰囲気をつくっているのがわかる。バール初心者は、こういったお店から体験するのがお勧め。お客を見ればバールの使い方が学べる。

さまざまな業態が生まれる

マナレージのバールを真似た店が増えると同時に、扱う商品にも変化が加わり、現在のように多種多様なバールが出てきました。それと並行して、蒸気圧を利用して手早く濃厚なコーヒーを抽出するマシンの開発も進められました。

現在、バールのタイプは大きく「タボラ・カルダ」と「タボラ・フレッダ」に分かれます。2つは税率や許可の面で区別されています。タボラは「テーブル」、カルダは「温かい」。タボラ・カルダでは店内で調理したものを提供します。一方、タボラ・フレッダは「冷たいテーブル」。調理場を持てないため、出来合いの物を仕入れるか、他の場所でつくられたものを電子レンジで温めるなどして提供します。

私が働いていた『ラ・テラッツァ』はタボラ・フレッダで、キッチンはありましたが、パンを切るぐらいしか使いませんでした。店内で調理ができなかったので、オーナーが自宅で仕込んできた料理を並べたり、近くの総菜屋で仕入れてきた物を並べました。

バールの形態は、さらに細かく分かれます。エスプレッソを中心にした普通のバールのほか、例えばジェラートを中心としたジェラテリアバール、いわゆる洋菓子喫茶であるパスティチェリアバール。エノテカバールはお酒やワインが中心の、いわばワインバー。ピアノバールというのもあって、こちらは日本でいうバーに近いものです。タバコやサッカーくじを扱うタバッキ、牛乳屋から始まったラッテリア、ヨーグルト屋のヨーグルテリア。ヴェニスにはバーカロという立ち飲み居酒屋風の独特なバールがあります。

バールという名に共通するのは、立ち飲みができること。カウンターがあり、立ち飲みとテーブルの価格が違っているのも条件。そして、エスプレッソマシンがあり、バリスタがいるということです。

バール文化の継承のために

フランスにミシュランの格付けがあるように、イタリアのバールにも格付けがあります。これを得るためには70年以上の歴史がなければだめで、文化人、例えば文筆家や音楽家など3人以上から推薦してもらう必要があります。その推薦を受けて調査が始まり、何年何ヵ月という時間を費やして、認定されるかどうかが決まります。

「70年の歴史」という資格も、例えば日本人である私が「あなたのバール良いね。お金を出すから譲ってよ」と大金を積み、オーナーが「じゃあ売ります」と応じた時点でその格付けは失われてしまいます。なぜなら、外国人の手にわたってしまったから。文化なので、そう簡単に外国人が譲ってもらえるものではないのです。そうしたチェックを行なう協会があります。一流のバール、カフェ、レストラン、ホテルを認定する協会を Locali Storici d' Italia（ロ

アーリ・ストリチ・ディタリア）といいます。

さらに、認定を受けられたからといって、永久に認定が保証されるわけではありません。常に文化人が認める良い店でいる努力を続けなければいけません。怠ると、新しく認定を受けたお店に入れ替わられることもあります。認定店は現在230店ぐらいしかありません。その中でバール、カフェの認定は約80店。16万軒の中の80店です。イタリアの文化を、自国の文化を大切に守っていくための取り組みですね。

バリスタの協会はINEI（イタリアエスプレッソ協会）、IIAC（イタリア国際カフェテイスティング協会）、AIBES（イタリアバーテンダー＆サポーター協会）などがあります。こうした協会には、私のような外国人バリスタも所属できます。イタリアンバールの文化を伝えようとする立場でイタリア公認の協会に属しているのは有意義なことです。

社会の変化とともに変わる北部 穏やかな時を重ねる南部

イタリアは、北はミラノを中心としたロンバルディア、フィレンツェ、ローマ、そして南のナポリまで南北に伸びる1300kmの長い国です。イタリア全土に16万軒あるといわれるバールですが、その数が一番集中しているのがロンバルディア、つまりミラノ周辺です。さまざまな形態の、機能的で使い勝手の良いバールが集まっています。

日本人にはおしゃれなカフェのようなイメージのあるバールですが、本来は女性があまり行かないところでした。ところが近年、特にミラノやローマなどの都市部では、社会に出て働く女性が増え、女性も男性と同じような気軽さでバールを利用するようになりました。

地方では、老人ばかりのバールもよく見かけます。近所に住むお年寄りたちがやって来て、お決まりの席に座って、朝から晩まで過ごしている。実にのんびりとしています。特に誰かと待ち合わせをするわけでもなく、知り合いが来たらしばらく世間話をして、そのうち誰かが出て行くと、また別の誰かが入って来て。毎日そんな情景が繰り返されています。

地方ののんびりとした時間の流れ方を見ていると、活気ある都会のバールとはまた違っていて、興味深く感じます。

バールのある場所

イタリアでは一般的に、地下や2階以上にはバールはありません。出入りがしやすいよう、必ずといっていいほど、1階の路面につくられています。

約16万軒あるバールをイタリア国民の人数で割ると、赤ちゃんから老人までをすべて含めた400人に1店ある計算になります。それだけ密集している

イタリアのバール

1.2. ミラノだけでも色々なバールめぐりが楽しめる。『タヴェッジア』は創業1909年。イタリアのコンテストで優勝したエスプレッソが評判のパスティチェリアバール。創業1867年のカフェ『ズッカ』は、カンパリ発祥の店。**3.** フィレンツェは歴史的にも独特の道をたどってきたため、人々は強い愛郷精神に満ちている。創業1733年のカフェ『ジッリ』は、シュークリームなどのお菓子も好評。

4. 老人が広場に集まり、のんびりしているシチリアのモンテロッソ・アルモという町。私が考える「地域の人たちに親しまれるバール」のイメージは、こういう情景。5. 運河が縦横に流れるヴェネツィアは独自の文化が発展してきた街。立ち飲みのワインバール「バーカロ」はヴェネツィア独自のバール形態。写真は1462年創業の『ド・モーリ』。6. ナポリの『カフェ・メヒコ』。力強いレバーハンドル式マシンは南イタリアの主流。

わけです。ということは、同じ区域内や道路を隔てた向かい側にも隣接してバールがある。ところが、その1店1店はそれぞれ雰囲気の違うお店なので、近くにあってもほとんど競合していないようです。もちろん、潰し合わないように自分の店のイメージはあえて他と変えているのですが、それによって常連客もそれぞれについているのです。

彼らはお気に入りの行きつけ"ミオ・バール"へ通います。例えば、サッカー好きなオーナーにはやはりサッカーファン、しかも、例えばミラノだったらACミランやインテルなど決まったチームの応援をしているオーナーの店に、そのファンが客として集まります。

ちょっとした休憩や一服に使えるよう、映画館の中にもバールはあります。大きな施設でなくても、建物の中に入ればバールがある。もちろん空港や鉄道の駅など公共の場にもあります。飛行機、電車を待つ間に使えるようになっているわけですね。

イタリアの人々にとって、バールに通うことは生活のリズムの一部になっているので毎日通っても負担にならない程度に、価格も手頃です。だからこそ、何気なく足が向く。行くと、誰かに会える。話をしたい時は話すし、話したくない時は話さない。1人で行く時もあれば、誰かと一緒に行く時もある。使う目的がその人によって、その日によって自由なのです。

バールで使われるコーヒー豆

コーヒー豆の焙煎まで自分の店で行なっている所は、イタリアではほとんどありません。全体の2％程度でしょうか。日本のように全国をカバーする焙煎業者もありません。つまり、北部にあるバールであれば北部の焙煎業者、というようにほとんどのバールが地域の焙煎業者から豆を仕入れています。焙煎業者は大手か小規模な事業者で、バールごとのオリジナルブレンドを焙煎しています。この点は日本とも似ていますね。ストレートの焙煎豆もつくられていますが、圧倒的多数はブレンドです。

もう1点、日本と大きく違うのは、イタリアではコーヒーといえばエスプレッソになるので「エスプレッソ用」の豆がつくられていることです。

「シアトル系」との分かれ道

シアトル系コーヒーショップは、アメリカのイタリア系移民がスタートしたといわれています。イタリアンバールとシアトル系コーヒーショップは今では大きく道が分かれました。

アメリカには浅く焙煎した豆でドリップするいわゆるアメリカンコーヒーがありましたが、エスプレッソに親しんできたイタリア系移民たちにとってはなじめないものでした。

シアトル系コーヒーショップを代表するのが『スターバックス コーヒー』。本拠地は西海岸のシアトルにあって、もとはコーヒー豆の焙煎を行なう会社でした。開業して15年目に入った頃、社員の発案で、エスプレッソをベースにしたテイクアウトドリンクの店頭販売を行なうようになり、それが地元の学生やビジネスマンたちに評判を呼んで北米全土に広まったといいます。

　日本では『スターバックス コーヒー』が、コーヒーが苦手な人や興味のない人にもその利用を広げました。膨大に店舗を増やして、「わが県にもスターバックスを」と誘致のための署名運動が起こるほど広まったのですから、すごいと思います。

　シアトル系が広まる以前に『ドトールコーヒー』が果たした貢献度も大きいと思います。こちらは1杯180円のコーヒーを定着させたわけですから。

　コーヒーをあまり飲まなかった日本人たちの間でも飲む機会が増え、そんなタイミングにアメリカからシアトル系コーヒーショップがやって来た。飲んでみたら、甘くておいしい。グッズもおしゃれでファッション的に飲むことも楽しめて、デザイン性の高い店舗にコーヒーの香りが満ちている。禁煙もアメリカの文化から来たコンセプトですよね。この点でも成功しました。

　バールとの違いは「エスプレッソの捉え方」と「コミュニケーション」の部分でしょう。

　例えば私たちは、エスプレッソという飲み物の良さを知ってもらうための入口としてデザインカプチーノを提供している部分がありますから、フレーバーシロップやソースを加えることは多くありません。さらに、お客様が何度でも利用したくなる店をつくるために、お客様の好みをつかむようにして、それを味や雰囲気に反映させています。

　私が思うに、バールもシアトル系コーヒーショップもルーツはイタリアにありますが、その後、バールは文化を売るものに、シアトル系はビジネスのステージにと分かれて育ってきたのではないでしょうか。

　シアトル系コーヒーショップはすでに定着して今後も残るでしょう。ですが、同じシアトル系の店は淘汰されていくと思います。流行っているお店の物真似をしているだけの所は続きません。特徴のないお店も。「利用者にどういうことを伝えたいか」という点が不明確なお店は消えていくでしょう。方向性は違っても、その点はバールも同じです。

バールの種類

何が食べたいか、どんな風に使いたいのか、といった目的や用途に合わせて選べるのもイタリアンバールの魅力。**1**. イタリアンホットサンド「パニーノ」を食べさせるパニノテカ。**2**. 洋菓子がメインのバール、パスティチェリア。**3**. 映画館の中、駅や飛行場など公共の場にも、一息つくためのバールは欠かせない場所。イタリアではバールを名乗る限り、必ずバリスタがいて、エスプレッソマシンがあり、カウンターがある。カウンターとテーブル席の値段も差がつけられている。

4. フィレンツェにある『イ・フラテッリーニ』。ワインを中心に置くバール・エノテカだが、現在はパニーノ屋として人気がある。ワインはグラス1杯から気軽に立ち飲みできるので、一般的なワインのお店と比べるとかなりカジュアルな形態。5. 6. ミラノの、とあるバール・ジェラテリア。ショーケースに並んだジェラートは、イタリアのアイスクリーム。旬のフルーツはもちろん、リキュール入りのものも多く、食後やお酒を飲んだ後のデザートとして大人も楽しむ。

BAR CULTURA
イタリア人のバールの使い方

バールはイタリアが誇る食文化

　観光旅行でイタリアに行く日本人はとても多いのに、バールを利用する日本人旅行者は少ないようです。ツアー旅行だと自由時間が少なかったり、添乗員が一緒にいないと、地元の人で賑わっているバールのような所には入りづらいからと、日本にもあるようなファストフード店で済ませてしまうというパターンも多いようですね。

　食に関するイタリア発祥の考え方に「スローフード」があります。これはファストフードに対して唱えられた考え方で、伝統的な食文化や食材を見直すとともに、「人とふれあいながら、つくることや食べることを楽しみましょう」という、生活を優雅にするための提案です。「バールはファストフードで、スローフードじゃない」という人もいますが、たとえコーヒー1杯でも人の手を経たものを味わい、コミュニケーションを楽しみながら過ごすバールは、スローフードの概念にあてはまる食文化です。

バールを使いこなして、
イタリア人の生活を体感しよう

　初めてバールに入って行くのは少し勇気がいるかもしれません。観光客を相手に営業しているバールには、外観や従業員はしゃれていても価格が高かったり、その割に味が良くなかったりする所も少なくありません。まず失敗しない選び方として、イタリア人が、それもスーツ姿の人たちなど品の良い雰囲気の客がいる所なら間違いありません。そういうお店なら接客も良いはずです。

　色々なお店を試してみるのも面白いですが、気に入ったお店が見つかったら、そこに通ってみるのもお勧めです。従業員や常連客から「おぅ、また来たね」なんて声をかけられると、地元の人に加わったような親しみを感じられるでしょう。数日間の滞在でも"ミオ・バール"を持つことはできますよ。

バンコは食券制

　イタリアのバールには共通のシステムがあります。日本でコーヒーショップを利用する場合とは異なりますから、知らずに行くと戸惑うでしょう。一般的なバールを例に説明します。

　まず、バンコでエスプレッソを飲む場合です。入口を入るとだいたい左側にある、銭湯の番台のような所でお金を払います。イタリアでは、赤の他人には現金を触らせないようにしていますから、無愛想なおばさんかお姉さんがいたら、それはオーナーの奥さんか血縁関係だと思えばいいでしょう。後ろにはメニューが貼ってありますが、古びて汚れていて、たいがいは読めません。
「カッフェ」と告げると「80セントだよ」とか「1ユーロだよ」と言ってきますから、その額を払います。すると、レシートをくれます。このレシートが食券の代わりになるので、財布にしまったり、「レシートはいりません」と断ったりしてはいけません。

　レシートをバンコに持って行き、バリスタに見せます。立った位置が自分の場所。なるべくウロウロしないように。提出したレシートには「80セント」「1ユーロ」といった価格しか記されていません。もし、自分が飲もうとしているエスプレッソと他の飲み物が同じ値段だったらレシートを出す時に「カッフェ」とはっきり伝えます。バリスタは、その値段を払ってあるかどうかのチェックをし、レシートの一部をちぎります。「チェック済み」という意味です

バールの日常

「短時間利用」「立ち飲み」という点で、かつては男性の社交場だったバール。働く女性が増えた影響もあって、今では都市部を中心に多くの女性が利用するようになった。イタリア人のバンコにいる滞在時間は短い。朝は10分弱、昼から夕方にかけては2分ほど。写真はミラノの『カフェ・コヴァ』。

ね。そして飲み物が出てきます。

　追加オーダーは、その都度レジに行って同じ手順を踏みます。バリスタとは直接お金のやり取りができません。

　ブリオッシュなどのパン類も置いてあるのでお金を払って、自分で紙ナプキンにパンを挟み、食べながらカプチーノを飲んだりする場面を、朝食の時間帯などよく目にします。

　オーダーチケットや砂糖の空き袋などのゴミは、イタリアではバンコの上からホールのほうへ払い落してしまうので、すぐに片付きます。カウンターと作業台の間にある隙間にゴミが入り込まないようにしているのですが、日本ではお客様の側にゴミを捨てることはないため、初めて見た時は驚くでしょう。

テーブル席料金はサービス料込み

　次に、テーブル席の利用法です。テーブル席では、座ってから代金引き換えでオーダーすることになります。番台でオーダーして、レシートをテーブル席に持って行ってはいけません。バンコとテーブル席とでは同じメニューでも料金が違うからです。

　バンコとテーブル席で価格がどれぐらい変わるかの目安としては、バンコが1ユーロだとしたらテーブルは2ユーロ。「ガゼボ」と呼ばれるパラソル付きのテラス席はさらに高くなります。ガゼボはバンコの2.5〜3倍ぐらい、1ユーロに対して3ユーロぐらいです。

　席へはウエイターに案内してもらうか、自分で好きな所に座ります。メニューをもらい、注文して、日本と同じようにウエイターにすべてサービスしてもらうかたちです。ウエイターはエリア担当制ですから、担当以外の人に声をかけても、返事を返すだけで来てくれません。

　チップは、基本的には要りません。サービス料は値段に含まれていると考えてください。ただ、細かいおつりが出た時にはチップ代わりに置いてきてもいいでしょう。

　オーナーがバリスタも調理人も兼ねているような小規模のお店はスペースもないので番台がないこともあります。その場合は、オーダーから支払いまで全部オーナーが1人でまかないます。

1人で1日に8回はバールへ

　エスプレッソには頭をシャキッとさせる効果と、気分をリラックスさせる効果の両方があります。習慣性もあるので、仕事の合間などの補給をする感じでイタリア人は何度もバールを訪れエスプレッソを飲みます。

　イタリアは日本と違って都市部でも、大きなスーパーはあってもコンビニのようなところがありません。缶コーヒーの自動販売機もない。紙コップで買うオフィスコーヒーの類もあまり普及していません。その代わりバールがオフィスの下や1、2分歩いた所にあることが多いので、ビジネスマンたちはタバコを吸いながらリフレッシュにバールでエスプレッソを飲み、また仕事場に戻るのです。仕事が終わってからも、家に帰る前に近所のバールで軽くアルコールを飲んだりしますし、それを加えると1人あたり1日に3〜8回ぐらいはバールと名の付く場所を利用しています。

　私が働いていたバールでも、近くに住んでいる人が仕事帰りに立ち寄ってビールを1杯飲んでから帰宅していましたよ、毎日。

常連客を1人逃せば大損失に

　職場のそば、自宅の近く、そして、例えば私がよく利用していたパニノテカのように何かお気に入りのメニューがある所など、1人が2、3ヵ所、行きつけの"ミオ・バール"を持っています。

　特に、職場の近くには少なくとも週5回は通いますから、もしも1人のお客が他のバールに行くようになってしまうと、それだけで最低でも週5回、1日8回以上来る人なら単純に計算しても毎週40回分の売り上げがなくなるわけです。

　お客様は正直だから、イヤになったらわざわざクレームを伝えたりしないまま急に来なくなるでしょ

バールの日常

都市部では、ビジネスマンたちは昼はバールで済ませる人も多い。おいしくて手軽に満腹になるパニーノがバールメニューの中でも特に重宝されている。写真はミラノのバールで、ランチタイムのワンシーン。大皿に盛られた惣菜をとるビュッフェスタイルで、女性の利用も目立つ。

う。なので経営側はかなり必死です。細かいことにも気を付けています。

　その点、私にも失敗談があります。ミラノの『ラ・テラッツァ』での修業時代、バリスタを少しやらせてもらえるようになった頃、毎日必ず3時に来店される常連のお客様から「いつもの」という注文が入りました。その商品は、ロンググラスにハチミツ、冷たい牛乳、その上に熱い牛乳を注ぎ、エスプレッソのリストレットをゆっくり注ぎ入れてつくるドリンクでした。まだ慣れていなかった私は「どうせ混ざるのだから」と、ぬるい牛乳を入れたんです。これが大きなクレームとなり、私の中ではラ・テラッツァバール事件として一生忘れられない出来事になりました。この時お客様は激しく怒りましたね。「これは俺の味じゃない」って。冷たい牛乳にはハチミツが溶けにくいので、自分の好きな甘さを徐々につくりつつ4段階ぐらいに分けて午後のひと時を楽しむドリンクだったということなんです。冷たい牛乳と熱い牛乳＝ぬるい牛乳という私の勝手な判断で、店の大事なお客様を失いかねない事態を招いてしまいました。1つの勘違いや理解不足、自分勝手な思い過ごしが、お客様とお店の信頼を損ない絆を切らしてしまう原因になりうる、ということを学びました。本当に忘れられない事件です。そのお客様は、その時はとても怒っていましたが、オーナーの手助けもあって、その後も毎日通われ、私がつくるそのドリンクも楽しんで飲んでいただける関係になりました。

北部と南部で異なる
地域性とバール

　ひと口にイタリアのバールといっても、北と南では違いがあります。この違いは、なかなか大きいものです。

　ミラノやフィレンツェなどの北部・中央イタリアは利用者にビジネスマンが多い。パッと入って来て、「ボンジョルノ、ウン・カフェ」（こんにちは。エスプレッソ1つ）と言い、パッと飲み干して「チャオ、グラッツィエ」（じゃあね、ありがとう）と帰る。仕事の合間に来るのでさっさと立ち去る。エスプレッソの味はミディアムローストが好まれます。

　一方、ナポリなど南イタリアのバールは、肉体労働者や退職したお年寄りの集まり場になっていて、朝から時間が止まったかのようにのんびりしています。エスプレッソのタイプも南は特殊で、肉体労働者の多い地域では、飲み応えのあるものが求められる。苦味とアロマが強めの、パンチのきいたダークローストが好まれます。そのため、少ない量の中にエキス分が高く抽出されたショートやリストレットのサイズで飲まれています。粉を多めに使い、高い圧力をかけて抽出する伝統的なレバー式のマシンを使いますから、それを操作するバリスタの動きもパワフルで特徴的です。

　店のカラーも、個性の強さは南のほうが目立ちます。北は誰にでも受け入れられるタイプのお店が多いですね。

バールで提供するのは軽食

　イタリアのバールには大きく分けて「タボラ・カルダ」と「タボラ・フレッダ」があることは先ほどお話ししました。直訳すると、それぞれ「温かい食卓」「冷たい食卓」という意味。前者は火を使った料理、後者は他から仕入れてきた料理を提供するスタイルです。いずれも軽食の範囲内で、さほど手の込んだ料理はありません。調理済みのものを温め直すか、そのまま提供しています。

　バールの基本的なメニューは、エスプレッソやカプチーノといったコーヒーと、カンパリやチンザノなどの簡単なアルコール、一緒につまめるチョコレートや菓子パンなどの甘いもの、パニーノ、ピアット・ウニコといった軽食です。

慌ただしい都会人に必要な
手早く食べられるバールメニュー

　スローフード発祥の地であるイタリアでも、人々の生活が慌ただしさを増しているのは日本と同じです。かつてはシエスタという昼寝の習慣があり、

バールの日常

1.夜はお酒も楽しめるのがバールの魅力。カクテルもバリスタの腕の見せ所だ。**2**.ハッピーアワーを実施しているお店も増えて、人気を集めている。ドリンク1杯とカウンターのオードブルが自由に食べられるスタイルが多い。**3**.バータイムもバンコは賑わう。

帰宅して家族とゆっくり昼食をとり、食後は昼寝をして午後3時か4時頃まで過ごしていたものですが、現在は、特に都市部のビジネスマンたちは職場近くのバールなどで昼食を済ませて終わりというのが多いようです。

そこで発展したのがバールのパニーノやピアット・ウニコ。

パニーノはミラノ生まれといわれています。ハムやチーズなど具材をそのまま挟んで味わうもので、ソース類をほとんど使いません。その点がハンバーガーと大きく違います。ソースの脂肪分や塩分が抑えられますし、手軽でありながらおいしくて栄養価が高く、片手で食べながら仕事もできるので働く人の多くが手に取ります。そんなニーズから生み出され、人気が高まりました。

ピアット・ウニコは、通常のディナーでプリモピアット、セコンドピアットとして分けられる前菜と主菜をワンプレートにまとめたスタイルのメニューです。ショートパスタやサラダの盛り合わせなどのメニューがあります。手早く提供してすぐに食べられるよう、一皿に盛り付けた状態にしておいたものを温め直して提供します。

つくりたてが食べられることはまずないので、特にパスタは、バールではなく専門店で食べることをお勧めします。イタリアはパスタ料理の本場であるものの、バールでは手軽さ、効率の良さが優先されるので、できたての食感や味をバールに求めるのは難しい。バールのパスタはスパゲッティよりショートパスタがほとんどで、やはり手早く食べるためのメニューだということがわかるでしょう。

バールでは、日本のように色々組み合わせたものをランチセットとして提供する習慣はありません。バールは時間帯も区切られていないので、いつ行っても何か食べることはできます。お腹が空いているなら、ピアット・ウニコか、ショートパスタにパンやサラダなどを追加することになります。サラダはボウルのような器にたっぷり入ってきますし、そこにパンでも添えたら、味はともかくとしても、ボリュームは充分です。

夜のバールでアルコールを楽しむ

夜は、昼間と同じバールに行く人もいますし、お酒をメインにしたバールへと繰り出す人もいます。例えば、ワインを色々楽しむにはエノテカバール。ビールならビッラテリア。アメリカンスタイルのバーにならったピアノバールもあります。夕方5時頃〜7時頃の間をハッピーアワーとしている所もあるので、利用すると楽しめるでしょう。4〜10ユーロ程度でアルコール1杯と、チップスやカナッペ

などのおつまみが食べ放題になるサービスですが、いくら食べ放題とはいえ、お腹いっぱいになるほど食べるのはスマートな使い方とはいえません。バールでは軽く１、２杯アペリティーボ（食前酒）を楽しみ、その後、食事できる店へ移動するか、近年は、アペリチエナ（バールで食前酒をとりながらしっかりと夕食をとること）も多くみられるようになってきました。このアペリチエナは特に働く女性たちに人気で、15〜18ユーロ位で、1ドリンクと食事が食べ放題といったようなサービスで楽しまれています。

ユニークなヴェネチアスタイル

ヴェネツィアのバールは個性的で、バーカロという立ち呑みスタイルの酒場があります。1品100円程度で食べられるおつまみが用意され、ワインはコップで気軽に提供されるので、合わせて1ユーロ前後で楽しめるようになっています。

バーカロの使い方は他の地域と同じで、あまり長居するお客はいません。みんな、パッと飲んでサッと店を出る。ゆっくり飲みたい時はバーカロではなくオステリア（居酒屋）へ行きます。

ヴェネツィアは、トラメッツィーノという小型のサンドイッチや、ボローニャ発祥の平焼きパンにハムやチーズ、野菜などを巻いたインヴォルティーニという変わりサンドがあることでも知られています。

ユニークというと、南イタリアにはアランチーノという軽食があります。これはお米やパスタが中に入ったコロッケのようなもので、前の日につくったリゾットの残りや、茹で置きのスパゲッティなど余り物でつくられます。食材を無駄にしないようアレンジするのも、スローフードの国・イタリアらしいですね。

ジェラートも夜の人気者

イタリアでは男性も女性もジェラートを楽しむ人が多く、ジェラテリアバールは夜も賑わっています。昼食の後にも食べている人をよく目にしますが、お酒を飲んだ後は特に好まれます。乳脂肪分が低くてさっぱりしているうえ、お酒をきかせたフレーバーも多いため、イタリアではジェラートは決して子どもっぽいイメージのデザートではないんです。

朝はカプチーノ、昼は食後にエスプレッソ、夜は軽くアルコールも楽しんでジェラートで締めくくる。イタリア人の生活に密着したバールを使いこなしてみませんか。

バールのメニュー

　バールのフードメニューは、手軽に手早く食べられるのがポイント。ひと昔前はチョコレートや菓子パンぐらいしかなかったが、時代が変わり、働く人がパッとお腹を満たせるような「パニーノ」や「ピアット・ウニコ」がバールの定番フードになっている。
1.イタリアに行ったら、一度は食べてほしいパニーノ。具材はハムやチーズをはじめ色々ある。**2**.ワンプレートに盛り付けたピアット・ウニコ。

地方のバールには個性的なメニューがある。**3**. ヴェネツィアのロールサンド「インヴォルティーニ」。ボローニャ地方以北でポピュラーな平焼きパンに、薄切り肉やチーズ、野菜などをのせ、巻いてつくったもの。日替わりの「気まぐれロール」もあり、楽しめる。**4**. ナポリのバールで名物の揚げ物料理「アランチーノ」。前夜につくったリゾットやパスタを利用してつくられるアイデア料理だ。中にはハムやチーズ、トマトソースなどが入っていて、ボリュームがある。

BAR GIAPPONESE
日本のバール文化をつくる

『バール・デルソーレ』が目指しているのは、
日本のバール文化をつくること。
イタリアのバールをそのまま再現するのではなく、
イタリアのバールの社交場としてのスピリッツを
伝えることを大事にしている。
魅力的なバールをどうつくるのか。
バリスタの視点から紹介する。

BAR GIAPPONESE
日本のバール文化を

『バール・デルソーレ』開業へ

　私には大阪の調理師学校に通っていた時から「将来は店をやる」という大きな目標がありました。どのタイミングで？という具体的な考えはありませんでしたが、料理とデザートを経験し、ジェラートとカフェの経験もし、すべてが揃った時に周囲にメンバーもいたので、このチャンスを生かしたいと思いました。

　また、バリスタの地位向上のために活動し情報発信していきたいという気持ちを持っていましたが、雇われの身では中々難しいだろうと思っていました。ちょうどそんなタイミングの時に現在の経営陣に声をかけました。

　株式会社フォルトゥーナを設立したのは2001年。この年は、日本における"イタリア年"で、まさに私たちの船出にふさわしいということで、店（バール・デルソーレ）も同時につくり、スタートしました。

　フォルトゥーナはイタリア語で、直訳すると「幸運の女神」を意味します。幸運の女神の力（恩恵）によって日本でもバール文化が発展するように、との想いから名付けました。

　『バール・デルソーレ』のデルはイタリア語で「の」、ソーレは「太陽」を意味します。太陽は人間になくてはならない存在＝そんな存在になりたいという想いと、店を訪れてくださるお客様に太陽のような明るさやパワーを与えたいという想いが込められています。

　イタリアは20州ありますが、私たちデルソーレは日本をその21州目と位置付けて考えました。デルソーレが提供するのは、イタリアのバールのように"人と人との豊かなコミュニケーション"がとれる場所。リアルイタリアではなく、日本におけるバール（社交の場・情報交換の場）です。

　現代社会において、コミュニケーションは非常に重要だと考えています。そのための場所——飲んだり、食べたりしながら会社の仲間や友達、店でたまたま知り合って意気投合した人たちと楽しいひと時を過ごす、そんな場所の提供です。

地域に密着した存在に

　私たちが目指しているのは、生活に溶け込むバールを日本で広めること。それも「日本のバール文化」を根付かせたいんです。

　バールと名乗っているお店の中には、内容は従来のバーと変わらない所もあります。また、バールが立ち飲みバルなどと混同されることも。バーでも喫茶店でもなく、居酒屋の枠にも当てはまらない「バール」という業態を確立させたい。

　イタリアンバールのスタイルをそのまま伝えようとするお店は今までにもありました。しかし、一時的な流行ではなく生活に溶け込んだ存在になるためには、歴史の中でイタリア人がバールに親しんだように、日本人の生活に密着する必要があります。それには長い時間がかかるでしょうが、立ち食いそばや寿司のカウンターに親しんできた感性を持つ日本にならきっと浸透すると思います。

イタリアのバールになくて、日本のバールにあるもの

　日本のバールは、単に「イタリアのバールを真似して、そこから日本人の受け入れにくい物を除外した残り」とは違います。イタリアのバールから取り

バンコの魅力

お客とバリスタとの距離が最も近いのがバンコ。メニューにない、自分の好きなものをオーダーしてみるわがままもバンコならでは。お客同士の距離も近くなり、自然に会話が始まったりする。1杯のコーヒーを飲んで瞬時にリフレッシュする、知らない人と打ち解ける……バンコには不思議な力が満ちている。

入れたいのは、お客様を楽しませる「精神」の部分。つまり、日本人に親しんでもらう日本のバールには、イタリアのバールとは違った要素があるわけです。

　例えばメニュー。イタリアのバールにもフードメニューはありますが、あくまでも「軽くつまむもの」。ピアット・ウニコにしても作り置きを温め直す程度ですが、日本人は旬の食材やできたての食事を楽しむのが好きですから、やはり料理には力を入れる必要があります。

　アルコールの品揃えが豊富なこともイタリアのバールとは違う点です。イタリアでは、ワインをしっかり楽しみたい時はエノテカバールを利用するなど、人々はバールを使い分けますが、デルソーレではワインも色々揃えていますし、カクテルも豊富。ここだけでゆっくりとくつろいでもらえるようになっているんです。

「イタリア」というフィルターを通す

　日本人に親しみやすいバール、とはいえ何のテーマもなく「あれも、これも」と取り入れては、かえって個性を失ってしまいます。そのため、私たちは「イタリア」というフィルターを必ず通すことでコンセプトを貫いています。その過程で遊び心も生まれます。例えば、居酒屋で日本人が注文する人気メニューに肉じゃがや鶏の唐揚げがありますが、これをそのまま出すのではなく、イタリア風の肉じゃがだったり、鶏の唐揚だったり、イタリアのフィルターに通してアレンジするのです。

　そして、バールにはもちろんエスプレッソがあります。初めは楽しいデザインカプチーノから、だんだんとエスプレッソそのものの味わいにたどりついてもらえる機会をつくります。デルソーレでは、そうしてエスプレッソを飲むようになったお客様も多いですよ。

　バールは営業時間中いつでも、お茶も飲めるし、お酒も飲めるし、食事もとれるという形態です。デルソーレにはランチタイムサービスはありますが、基本的には時間帯を気にせず利用できるようにしています。ドリンク用と食事用の席を分けてもいないのでお客様が混在しています。ランチを食べている人の隣のテーブルには、お酒とおつまみを楽しんでいる人もいる。1人1人のTPOに合わせた自由な使い勝手の良さをもっと知ってもらいたいですね。

　サービスの面では、親しみやすさの中に礼儀をわきまえた接客が、やはり日本人に対しては受け入れられやすいと思います。一般的にイタリア人は明るくて気さくなイメージがありますが、イタリアのバールの接客というのは意外とそっけないぐらいのものです。

　イタリアのバールと違う点をもう1つ挙げるなら、デルソーレでバンコを利用するお客様は滞在時間が長いこと。そうしたお客様はスタッフたちとの対話を楽しみたい人が多い。これは日本でバールを始めるうえで予想していたことです。お客様にとって使い勝手の良い店であることが一番ですから、イタリア人と同じ「パッと食べて飲んで、サッと出る」使い方を押しつけようとは考えていません。

日本人が心地良いのが一番

　デルソーレは、人がホッとひと息入れる"止まり木"であり、人と人を近づける"社交場"でありたいと思っています。

　日本のバールが飲食の1ジャンルとして確立し、文化として定着するには、お客様に「デルソーレに行って楽しかった」と感じてもらえることが重要。その積み重ねで実現するものだと思います。スタッフの1人1人が「お客様を知りたい」「楽しんでもらいたい」との気持ちで交わす言葉が、1人、また新しい常連客を生む。それを私たちの間ではデルソーレの魔法─「デルソーレ・マジコ」と呼んでいます。

バールの楽しみ方

バールは1日に何度でも使える場所。時間がない時でもふらりと立ち寄り、何か1杯飲んで食べられる。コーヒーもお酒も時間帯を気にせず飲める。1人でも入りやすい。この"気軽さ""間口の広さ"がバールの楽しさ。また、バールはコミュニケーションの場でもあり、色々な人たちが来店し、話をしたり、話を聞いたりと、人が出会う場でもある。店の中心にいるバリスタは、その仲介役をすることも。

BAR GIAPPONESE
私の理想のバール

理想的な立地

　バールは、人々の生活に溶け込んだ地域密着の存在であるために、利用しやすい立地と内装にすることも大切な要素です。

　理想的な立地は「働いている人もいて、半径1km以内に、住んでいる人もいる」場所。オフィス街でも住宅街でもない、ちょうど中間にあたる所。1号店の『バール・デルソーレ』六本木店（2017年に閉店）があった東京都港区も、住んでいる人の数も多くて客層が良く、オフィスもあり、交通の便があって人が流れて来る環境です。

　私たちが「バールのある場所」として抱いているイメージコンセプトは「そばに教会があり、広場があり、老人がいて、猫がいる」というもの。イタリアでも実際にそういう場所があるのですが、のどかな生活感のある雰囲気が思い浮かんできませんか？

　バールは必ず1階の路面につくります。バーなら隠れ家的な立地も好まれますが、バールは気軽に入りやすくてパッと出やすく、幅広い客層に利用してもらうために1階につくるということが絶対条件だと私は思っています。

　デルソーレの場合、「広場」のイメージに合うように、憩いの場らしくオープンテラスが用意できるというのも立地選びの条件に加えています。外から利用客の様子が見えることは入りやすさにもつながります。

　看板は「Bar」と縦書きに大きく彫ったものを出しています。縦書きで独特なオリエンタルムードが出るうえ、横書きならあまり深く考えずに「バー」と読むところを一瞬「？」と考える間をもたせ、「ここはバーですか？」「バールと読むんですよ。バールというのは……」といった具合に対話のきっかけを生んでくれます。

「バンコ」はバール文化の発信元

　内装で最初に考えるのが、カウンター。カウンターのことをイタリアでは「バンコ」と呼びます。

　カウンターはバールには欠かせません。お客様が同伴者以外とも会話する機会を生むのがバンコ。つまり、バンコはコミュニケーションの場というバールの役割を担う存在。文化の発信元なんです。

　バンコの具体的なつくり方ですが、寸法は店の大きさによってバランスを考えながら決めるといいでしょう。ゆっくり座りたいお客様もいますから、店の広さに対するバンコとテーブル席とのバランスも考えます。

　デルソーレでは、バンコの高さ110cm、奥行きは40cmにしています。高さはイタリアでは115cmが主流ですが、ちょっと高いと感じたので5cm低くしました。目安としては、日本人が立って肘をつけるのにちょうど良い状態です。奥行きは実際にお皿を置いてみたりしましたが、感覚で決めました。銀座店ではバンコをメインに考え、料理の皿を並べても余裕ができる55cmにしました。これ以上幅を広げるとお客様とバリスタの間に距離が開き過ぎますから55cmが上限でしょう。

　バンコの天板は、大理石か木が良いでしょう。自然の素材は温もりがあり、イタリアでも使われています。大理石なら傷もつきにくいです。

　床材にも配慮しましょう。デルソーレでは、バンコ周辺の床に木を、テーブル席にはテラコッタを使っています。木は軟らかいので立っていても疲れにくいんです。材質や色でバンコとテーブル席の床が

バールの立地
バールは路面店がほとんど。その理由は「気軽に入って、すぐに出られる」「幅広い客層が利用できる」などの使い勝手の良さを最優先に考えるから。商圏はオフィスも住宅も両方ある場所がベストだ。

エリア分けされていることによって自然と区分けができています。床全体を木にするとコストがかかり、その後もワックスがけなどで手間が必要になる。その点も考えました。

バリスタが作業をするバンコ（カウンター内）は、壁との間に約70cm幅の通路をつくっています。これはもう少し狭くてもよいでしょう。銀座店は115cmと広めにとっています。

バンコは演出次第で印象が変わる

バンコの魅力を伝えるためには、スタッフが常にバンコにいて親しみやすい空気をつくることも大事です。その日初めて店を利用したお客様が常連になるのも、バンコがきっかけになることが多い。お客様とスタッフの距離が近くなるという点では、バンコはとても良い場所。逆に、2度と来てもらえなくなるきっかけになりやすいのもバンコです。お客様とスタッフの距離が近いだけに。

バンコは、ある意味「生き物」なんです。どう活用するか、してもらうかによって印象が決まります。例えば、初めて来たお客様にバンコを利用してもらおうと「立って飲むほうが値段が安いので、どうぞ」と、安さだけを強調した勧め方をすると、そのお客様にとってバンコの魅力は値段だけのようになってしまいます。

バンコのさまざまな楽しみ方をちゃんと説明できて、スタッフが実際に演出できれば、その魅力がお客様の中で強く印象づけられます。

お客様を見て、気のきいた誘導を

バンコで戸惑いを感じているお客様がいたら、スタッフは雰囲気で察するようにしましょう。さりげなく話しかけて、少しずつ話をしているうちに居づらくない雰囲気ができます。

バリスタの腕の見せどころって、そういうところにもよると思うんです。

デルソーレでは、初めて来店したお客様をバンコに導くには、まず「おひとり様ですか？」「カウンターになさいますか？」と声をかけます。声のかけ方は、そのお客様によって工夫します。例えば、入って来た時にキョロキョロされているようだったら「カウンターで飲まれますか？」と勧める方法もあるし、時間がなさそうな様子だったら「カウンターでパッと飲んで行かれたらいかがですか？」と声をかけます。お客様の注文を聞く時や帰り際に「次回はカウンターでどうぞ」と勧める場合もあります。

機能性と見せ方、両方を考えて
イタリアを感じさせるバールに

バールの内装をつくる時に気を付けたいのは、イタリアが感じられる雰囲気になっているかどうか。イタリア製の小物などを飾るのもいいですが、コミュニケーションの場らしい温かみを取り入れることがポイントになります。機能性に気を取られ過ぎると、今風のセルフサービスカフェのようになってしまいがちに。木や石といった天然の材質を生かすのも1つの方法です。

店の見せ方をどうするかで作業動線も決まります。エスプレッソマシンをカウンターの真ん中にもってくれば「コーヒー中心のお店」というアピールになります。リキュールなどのボトルを並べたカウンターが真ん中にあると、バーの雰囲気に。銀座や赤坂のように夜が賑やかな街ならば、夜も楽しめるイメージを打ち出さないと、お客様が入って来ません。デルソーレでは、ワイングラスをラックを使ってぶら下げて収納し、機能性と見せ方を両方組み合わせています。

壁には死角をなくすための鏡を取付けるほか、イタリアの工芸品や写真を飾れば雰囲気が高まります。イタリアは北から南まで地域ごとに特色が異なるので、郷土料理やワインなど特別メニューを提供する際は風景写真も合わせて替えればイメージを盛り上げます。

コンセプトと地域の特徴、ニーズをしっかりと生かした店づくりが肝心です。目的に合ったデザインと、それを生かすスタッフでバールが機能するのです。

バンコの作業動線

デルソーレの中心部であるバンコはカウンターから成る。カウンターの内側は、エスプレッソやジェラート、ソフトドリンクの「ビバレッジ」、ビールやカクテルを準備する「アルコール」、調理場に近い「料理」の各セクションで分けている。バンコの表面は大理石で仕上げて重厚感を出している。足下には足掛けを設置し、床材は立っていても疲れにくい木材を用いている。

作業場を部門ごとに分ける

　デルソーレはアルコールと料理の品揃えも豊富ですから、それぞれの部門ごとに作業場を区別しています。入口からすぐの所はエスプレッソやジェラートの「ビバレッジ」、調理場と洗い場に近い所は「料理」、その間は「アルコール」のエリアにして、それぞれ作業をしています。食材や食器類も各エリアごとに収納します。ビバレッジ部門が入口に近いのは、バリスタの持ち場でもあるからです。バリスタはコントローラーでもありますから、店全体を見られる場所を定位置としたほうがいいでしょう。

エスプレッソマシンとミルは作業の流れを考えて配置

　エスプレッソマシンを設置する位置を決めたら、右側にミルを並べます。左利きの人でも、作業は右手で行なうと考えたほうがいいでしょう。ミルのレバーが動く向きと作業の流れを考えると、必然的にそうなります。

　スチームを行なう蒸気線は左右に2本ついていますが、挽いた粉に湿気がまわらないよう、ミルから遠い側を使うことになります。

　ノックボックスはマシンもしくはミルの下に配置します。

　マシンやミルを製氷機の上に置くのは避けましょう。熱がこもりますし、粉が氷の上に落ちます。

　バリスタの動きをお客様に見せるのもイタリアンバールの基本的なサービスです。抽出の手順やバリスタの手元を隠してしまわないよう、マシンがお客様の正面を向くように配置を決めましょう。

バンコはお客様のためのテーブル
店内の照明にも工夫を

　お客様のテーブルから下げた食器を、間違っても「とりあえずバンコに置く」ようなことをしてはいけません。お客様がそこにいない時でも「バンコはお客様のためのテーブル」なんです。料理や、下げて来た食器は調理場からホールに直接渡るのが一番ですが、一時的に置く場所が必要な場合は、少なくともお客様から見えない場所につくっておかなければいけません。

　照明は、デルソーレでは1日を昼と、ディナー前、ディナータイム、バータイムで段階的に変えているほか、バンコの周辺とテーブル席のあるフロアの照明は明るさに差をつけています。

テーブル席のつくり方

　座ってゆっくりしたいお客様のためのテーブル席にも細かい工夫があります。デルソーレの場合、店内のスペースに対してテーブルは小さめで、間隔も狭くしています。ここでもキーワードは「コミュニケーション」です。

　テーブルは正方形で、人数や皿数の多少に応じてつけたり離したりできます。お客様同士のコミュニケーションを図る1つのツールとして、テーブルのサイズと位置関係が機能します。客席の間をぬってスタッフが料理やドリンクを運ぶと、それが視界に入ったり香りがしたりで、ふとそちらに顔が向きますよね。隣をチラリと見ることができる間隔なら、例えばデザインカプチーノの絵柄を見て「あっ、可愛い」「可愛いでしょう」なんて、自然に言葉を交わしたり見せ合ったりできる。店内で新しい知り合いができれば、また来店する楽しみが増えますし、来やすさにもつながります。その際、お客様同士のトラブルがないようにスタッフは目配りも必要です。

　イスも、店全体に木を使っているのに合わせて、木製で高さを抑えた、落ち着くタイプのイスを採用しました。座面はビニールレザーを張ったもの。タバコを落としたりして穴が空くこともありますから、張り替えがきくようにしています。布張りは雰囲気が良いですが汚れやすいので、拭けばきれいになるビニールレザーのほうがお勧めです。

　店舗はバンコの内側を15cmほど、客席の奥の方を10cmほど上げて、客席全体が見渡せるようにしてあります。これは、お客様を上から見下ろす感じにならない絶妙な高低差になっています。

バンコの作業動線

1. クラシカルなイタリアのバールらしいインテリアに。**2.** マシンの右側にミルを配置するのは、粉を落とすレバーが右手についている作業動線を考えて。**3.** 店のコントローラーであるバリスタは常にお客の状況を見る必要がある。店内の見通しが悪い所がある場合、鏡を置いてバリスタの視野を広げることも必要。

BAR GIAPPONESE
エスプレッソマシンの選び方

マシンを選ぶ時の「4つの注意点」

　マシンを選ぶ際のポイントになるのは4つ。①店のコンセプト、②マシンの能力、③デザイン、④メーカーのメンテナンス力です。

　店のコンセプトは、まずイタリア系なのかシアトル系なのか。これは後で述べますが、それぞれの用途に合うマシンの仕様があるのです。

　マシンの能力は高いに越したことはありませんが、コストの面も考えて、席数や1日の来客数といった規模を考えたうえで選ぶべきです。

　デザインも、内装と合っていることが大切です。そうでないと、内装が近代的なのにマシンはクラシックなどというチグハグになってしまいます。

　自分の好きな味のエスプレッソを出しているお店のマシンを見て、そのメーカーに色々尋ねることをお勧めします。主な特徴をチェックするのはもちろん、メンテナンスなどバックアップ体制についても確認しておきましょう。機械ですから多かれ少なかれ故障は起こります。いざ壊れた時に「今日はちょっと修理に行けなくて、明後日になっちゃいます」、そんな対応をされていてはバールでは仕事になりません。

イタリア系からシアトル系まで
個性が際立つマシン

　ひと口にエスプレッソマシンといっても、ものによって異なる特徴があります。私はこれまで色々なマシンに触れてきましたが、その中でも特徴のはっきりした、日本に代理店を持ち、定評もあるマシンを例に挙げます。これらを参考にして、自分に合ったマシンを探してみてください。

　私が日本でずっと使っているのが「チンバリー」です。セミオートマシンM39の大きなスマートボイラーはタンク内の温度を熱交換機で自動制御し、ほぼ一定に保ちます。タンクは一層式で新しい水をグループヘッドに送り込みます。ホルダーはステンレス性で保温性が高く、外側が過熱しないので安全。蒸らし機能は、抽出前に湯だまりからの少量のお湯でコーヒーの粉を湿らせます。粉をきつく詰めておかなくても抽出用のお湯が通る時に粉が暴れず、豆の持ち味がしっかり引き出されるんです。コンピューター制御のターボスチームでミルクを常に安定してきめ細かくフォーミングできます。

　こうした作業を液晶ディスプレイで確認しながら行なえるので、経験の浅い人でも安心です。でも、私自身は手ごたえのある、前のクラシックな「M32」のほうが好きかなぁ。シンプルながらもマニュアルの楽しさがあったんです。

　「ファエマ」は世界で初めて電動ポンプ式エスプレッソマシンを発売したメーカーです。2連でも11リットルの大型ボイラーでお湯を循環させてグループヘッドを保温する造りも、早くから導入されていたものです。コーヒーのボイラーと別にサービスボイラーがあるため、連続使用に耐えます。さらに、抽出に必要な9気圧になるまでの2〜3秒の間にコーヒーの粉にお湯をかける蒸らし機能により、豆の特質を生かした味が安定して出せます。「E61」は1961年に発売されたモデルの復刻版で、このクラシックなデザインを見て憧れ、購入を決めるという人も少なくないようです。

　「ランチリオ」のCLASSE11は2016年にJLAC（ジャパン・ラテアート・チャンピオンシップ）、JCIGSC（ジャパン・コーヒー・イン・グッド・スピリッツ・チャンピオンシップ）大会の認定機に決定

エスプレッソマシンの比較

マシンは、お店のコンセプトと規模、使う豆との相性を基準に選ぶ。**1.2.3.**「チンバリー」のセミオートマシンM39は、湯温やミルクのフォーミングの細かい設定が、液晶パネル表示で確認しながらできるので初心者も安心。蒸らし機能により、安定した抽出が可能。**4.5.6.**「ファエマ」も蒸らし機能がついている。抽出後、パイプ内に残ったお湯が外に排出される。マシンが正確に作動しているのがわかる。復刻版のデザインも人気。

したマシンです。エスプレッソ抽出時の25〜30秒間に抽出温度を±5℃まで大幅に調整できるという「エクセルシウスシステム」により、抽出の仕方をコントロールできるのが面白いと思います。

シアトル系として知られる「ラ・マルゾッコ」は、抽出用とスチーム用のタンクを別々にすることで圧力を安定させています。ミルクの使用頻度が高いシアトルスタイルには定評があります。また、粉を多く詰められるようホルダーが深くなっています。さらに、テイクアウト用の紙コップが入るよう抽出口は2.5cmほど高い位置に付いています。ここにシアトルスタイルの特徴があります。

ナポリの伝統的なマシン

ナポリで親しまれているエスプレッソは特徴的で、苦味とアロマが高く、パンチのきいた味わいです。そんなエスプレッソを淹れるマシンは、構造も操作法もパワフルで男性的なイメージがあります。そのせいでしょうね。ナポリのバリスタの右腕は、すごく太いんですよ。

ナポリの多くのバールで使われているのが伝統的なレバー式のマニュアルマシン。ハンドルをグッと引いて、徐々に戻して行く操作法は力と慣れが要ります。逆に、タイミングさえつかめればセッティングの必要がないのでラクかな。抽出気圧もちょっと高い12気圧で、通常のエスプレッソよりもさらに細かく挽いた豆を9gと多めに使います。従ってポルタフィルターも深い。1杯分ずつボイラーから給水される方式です。シンプルな構造なので価格も手頃で、メンテナンスもしやすく、コストパフォーマンスの良さも魅力です。

自分に合ったマシンを選ぼう

使いやすさは使う人によって違うので、それだけ選択の幅も広いということになります。

車も快調かつ安全に乗れなければならないのと同じで、根本的に「エスプレッソとは、どういうものか」「バリスタの役割とは何か」を考えずにはいられません。マシンの安定性や、自分の使う豆とどう合うか。それから、メンテナンスが行き届くかどうか。そういったチェックポイントはおさえて欲しいです。日々の営業に支障をきたすようなマシンは、バリスタの腕で補い切れるものではありません。

エスプレッソマシンの比較

1. 南イタリアで定番のレバー式のマシン。手動でエスプレッソを抽出する。**2.** 通常より粉を多めに使うのでホルダーも深さがある。**3.** カップを温めるスチームがダイヤルを回して行なえる点もユニークだ。**4.5.**「ラ・マルゾッコ」は抽出用とスチーム用のボイラータンクが別々になっており、ミルクのスチームを繰り返してもパワーに安定感があるマシン。また、テイクアウト用の紙コップに対応して抽出口の位置が高い、シアトル系に適したマシン。**6.** ホルダーの形状も工夫され、タンピング時に水平を保つ。また、ラバーグリップの持ちやすさも特徴。

BAR GIAPPONESE

豆の知識、選び方と保存方法

アラビカ種とロブスタ種

　コーヒー豆はアラビカ種とロブスタ種の2種類に大きく分けられます。

　アラビカ種は、標高900m〜1200mの高地で栽培されます。カフェイン量が少なく、香りとコクを形成する脂肪分が高いのが特徴です。アロマが豊かで、まろやかで酸味を含むチョコレートのような味わい。明るいヘーゼルナッツカラーから赤みを帯びたクレマをつくります。苦味はロブスタ種のように強くはありません。

　ロブスタ種は、アラビカ種に比べ、標高200m〜600mのやや低地で栽培されます。カフェイン量が多く、脂肪分が少ないのが特徴です。ロブスタ種は病害虫に強く栽培しやすいのですが、香りや味の面でアラビカ種に比べて劣ります。アロマは少なく、酸味が強く、ライトブラウンからグレイのクレマをつくります。ミルクと合わせれば苦味も抑えられるため、よく缶コーヒーに使われています。

　エスプレッソのクレマの色は焙煎度合いによって変化します。焙煎が浅いと薄く、焙煎が深いと濃くなります。クレマはきめの細かい泡で、苦味のあるタンニンです。エスプレッソは揮発性のオイル成分であるため、外に出ようという力がすごく強く、クレマはエスプレッソのアロマを閉じ込める重要な役目を果たしています。飲んだ時にアロマがスッと入ってきて、口の中にフワッと広がるためにも、持続力のあるクレマが大切です。

ロブスタ種の価値

　日本では近年、単一の品種、銘柄ごとの味わいや淹れ方、焙煎度合いのバリエーションを追求する趣向があり、日本とイタリアとはコーヒーの捉え方に違いがあります。味わいも香りの面でも、良質なアラビカ種が近年の主流です。

　日本では「エスプレッソもアラビカ種100％が一番いい」「スペシャルティの豆を加えればもっといい」という意見を耳にしますが、私はロブスタ種の存在価値をわかってほしいと思うんです。ナポリのエスプレッソについて話しましたね？　あのパンチのきいたアロマと苦味こそロブスタ種の効果なんです。エスプレッソの香りを守るクレマも、ロブスタ種の苦味成分＝タンニンが加わることで厚みが出るのです。

　エスプレッソは多種類の豆を使って、たし算ではなくかけ算的な奥深い味わいをつくり出します。その"主要選手"の中にロブスタ種もある。私はそう考えます。

コーヒー豆をどう選ぶか

　エスプレッソの複雑な味、豊かな香り、コクは、コーヒー豆のブレンドの形成によってつくられます。

　日本ではエスプレッソ用ブレンドも3種類ぐらいの豆でつくることが多いようです。苦味、酸味、フレーバーなどが特徴的な豆を1種類ぐらいずつ配合する。一方、本場イタリアでは5種類以上ブレンドした豆が使われます。エスプレッソのパンチのある味を出すためには、この複雑さが必要なんです。苦味、酸味はもちろん、鼻に抜ける香りやアフターテイストの味わい。最初に考えた人はすごいと思います。

　選ぶ基準は「おいしいか、そうでないか」。大事なのは、求めている味がちゃんと出るかどうかです。

　豆とマシンとの相性もあります。メーカーは豆と

マシンの相性をどこかで合わせて開発しているはずですから、味づくりは「豆」「マシン」「バリスタの腕」の三位一体で生まれます。

飲み比べて、絞り込む

私の場合、イタリアで最初に飲んだのがイリーで、その後、各地の色々なブランド、例えばミラノならハーディーやボノミ、他にも小さな焙煎業者の豆を買って来て飲んだりして、色々な豆のサンプルを試しました。

最初の頃はプロに正しく淹れてもらったエスプレッソを試飲するようにしてください。そして気になる豆を何種類か選んで、メーカーのショールームなどに行って、淹れてもらって飲んでみる。その繰り返しです。メーカーの人が「この豆はこういう味に仕上がります」という通りの味が出ているかどうか。それが自分の好きな味かどうか。マシンとの相性も考えていきます。

豆についてきちんと説明してくれる会社を選ぶべきです。「安心・安全」がいわれている今は特に、食品を扱う上で長く付き合っていくためには信頼関係が絶対に大事なことです。

開封後は酸化を避けて品質を保つ

コーヒー豆も生き物ですから、酸化によって品質が落ちます。焙煎した豆は表面に油が浮き、その油が酸化しやすいのです。

私たちの店は3kgを1日ぐらいで使い切りますが、そこまでの量が出ない場合、やはり冷凍・冷蔵保存したほうがいいでしょう。その時は容器に移したり、もとの缶に入れたままで構わないと思います。なるべく空気に触れさせないことが重要です。

缶を開けなければかなり日持ちしますが、開封後は1週間から10日前後で使い切りましょう。酸化すると豆の香りもなくなりますし、抽出が変わります。クレマが薄くなってきて、抽出時の色も白っぽくなります。香りだけでなく味自体も薄くなり、ネガティブなピーナッツの油や草の香りがします。

エスプレッソの豆
デルソーレでは、イタリアのロンバルディア州にあるミラーニ社の「グランバール」という豆を使用している。「グランバール」はINEI（イタリアエスプレッソ協会）認定のコーヒーで、苦味と酸味のバランスがよく、砂糖を入れると香り高いチョコレートのような味わいがある。

BAR GIAPPONESE
カップの選び方

エスプレッソカップとカプチーノカップ

　バールで使うカップは、エスプレッソカップが約70cc入るもの。また、カプチーノカップは通常150cc〜180ccの容量ですが、私が使っているのは200cc入るインターナショナルカップというタイプです。オリジナルでつくりました。

　形状はどちらも底が厚く、エスプレッソカップは全体的に厚ぼったい。一方、カプチーノカップは、ふちより下までが厚く、ふちに沿って徐々に薄くほんの少し広がっている。唇の当たりが良いようにつくられています。

　ちなみにデミタスカップはフランス由来のもので、フランス語でデミ＝半分、タス＝カップを意味します。デミタスカップとエスプレッソカップの違いは、形状も違いますが、全体の薄さも違います。また容量は、エスプレッソカップが70ccに対してデミタスカップは110ccです。

香りを楽しむ、小粋なデザイン

　エスプレッソカップの底はすり鉢状になっていて、これがすごく重要です。なぜなら、エスプレッソが対流してクレマができるからです。底が平らなタイプはエスプレッソが対流せず、クレマができにくいのです。さらに直径5cm〜6cmとトップが狭くなっていることでクレマを保つうえ、香りが底をまわってカップの中に層をつくり、口元に運ぶと香りの層が鼻に入るというわけです。これ以上広くなると香りが飛び、狭くなると香りが上りません。

　材質は保温性の高い陶器が適しているといわれています。また、底が厚いことも熱を保つのに一役買っています。

　色は白が基本。正しいエスプレッソの色を判断するためです。

　把手は、指を入れて握るように持つのではなく、親指と人差し指でつまむように持ちます。それによって手の甲が水平になり、手のラインがすごくきれいに見える。さすがはデザインの国・イタリアです。

　デルソーレのカプチーノは、大きめのカップに合わせてちょっと多めにミルクを入れてつくっています。

　通常の割合でつくると150cc〜180ccのカップがいっぱいになる量になります。基本的にはそのほうがコーヒー感もあって味がいいんですが、大きなカップにその容量でつくると「量が少ない」と思われます。カップが大きい分だけミルクの量を増やしたほうがいいと考えました。ただしミルクコーヒーではなく"コーヒーミルク"になるよう、コーヒーの味わいを楽しめるギリギリのラインにしています。しっかりとコーヒー感もあるし、クリーミー感もある、すべて揃った仕上がりになるギリギリのラインです。

　カップはどちらもあらかじめマシンの上部にのせて温めておきます。この時、1つだけ注意してください。カップを3つ以上重ねないこと。熱が伝わりにくいからです。

　さてカプチーノの場合、提供時の温度はもともとぬるめです。エスプレッソを約90℃で抽出して、ミルクと合わせると70℃〜72℃ぐらいになる。そのままだと、飲んだ時にぬるく感じてしまいます。しかし、あらかじめカップを熱くしておくことで液体も適温に感じられるうえ、ミルクのフォーム（泡）がカップにくっつきません。また、適度な厚さがあるので冷めにくくなっています。逆に、薄いカップだ

と唇に当たった時に直接熱さを感じてしまいます。

ソーサーの機能性とは

　ソーサーはカップを置く部分が盛り上がっています。これはカップが横滑りしないためと、くぼみの部分にスプーンを置くためです。

　イタリアでは、スプーンの他にチョコレートやクッキーを置いたりします。それには2つの意味があって、1つは食べながらエスプレッソを飲めます。入れて溶かす人もいます。もう1つはコマーシャル効果です。店でそのチョコレートやクッキーを食べない人はオフィスに持ち帰って女の子たちにあげたりするでしょ。そこで、女の子たちが食べて「これおいしい」「これって〇〇のバールのなんだ」とわかって、彼女たちは店に足を運ぶ。町で配るティッシュみたいなものですね。そんなコマーシャルに使うために店の名前を入れたりしています。

カップの形状

カップは、すり鉢状で、ある程度の厚みと深さがあることが、「エスプレッソの香り」「フォームドミルクの味わい」を楽しむための絶対条件。心地良い温かさと、香りの層が鼻に入るのを感じることができる。エスプレッソは香りを閉じ込めるクレマが広がらないよう口径は小さめ。カプチーノは口当たりを考え、ふちは薄くて飲みやすい。厚みがあることで保温性を高める。

BAR GIAPPONESE

フードとアルコールの考え方

バール料理とは

イタリアのように毎日でも足を運んでもらえるバールにするため、私たちはバール料理を考えました。それは、イタリアのバールで実際に提供されているメニューとは違います。かといって単に和風にアレンジしたものでもありません。

バール料理の特徴は「親しみやすいうえに、イタリアの文化を感じられる」内容であること。食べることでイタリアへの関心が広がる、楽しい料理なのです。

イタリアの郷土料理をとり入れる

イタリアを知れば知るほど「イタリア料理とは何だ」と単純には答えられなくなる。それほど、イタリアには地方ごとに豊かな特産品と伝統的な料理があります。

「イタリア料理といえば、トマトソースとチーズ」といったイメージが今も根強い中、知らせたいイタリアのおいしいものはまだまだたくさんあります。そこにアレンジを加えれば、メニューのレパートリーは無限に広がります。

日本でも地域に特化したイタリア料理のお店が増えていますが、バールでは、イタリアの食文化をできるだけたくさん伝えながら、何度足を運んでも飽きのこない魅力を感じてもらう要素として郷土料理を生かしましょう。

メニューづくりの考え方

イタリアのバールは「お菓子中心」「ワインの立ち飲み」といった区別が明確なうえ、長居をする場所ではなく、何か軽く飲んだら食事などは別の店へ移動するパターンが一般的です。一方、日本人は最初の一杯から食事にかけて1つの店でゆっくり過ごす人が多く、食事した店でおいしいコーヒーや食後酒が飲めれば、お客様の満足度は上がり、他店へ移動する率は下がるでしょう。

バールは1日のどんな時間帯にでも利用できる飲食の場であると同時に、豊かなコミュニケーションの場。メニューを考える際もそこがポイントになります。

一皿の量は1人で2〜3品食べられる程度を想定します。価格帯は600円〜800円が中心。お酒を飲むグループなら1卓につき3、4品の料理に「しめ」のピッツァかパスタ、というのを基準に考えましょう。オードブルは取り分けやすいよう並べて盛り付け、薄切り肉を一口大に巻くなどフォーク1本で食べられる形にすれば、バンコで立ったままでも利用しやすいですね。逆に、大きな料理をテーブルで切り分けてもらうスタイルはグループ席を盛り上げます。

数多くの食材を現地から取り寄せるのは、バールが日常的な業態である以上コスト面で考えもの。イタリアの調理法を生かし、旬の食材を使えば味も良く、経済的です。

ランチで店の雰囲気や味を伝える

近隣のオフィスで働く人たちや地元に住む人たちにアピールするのは、ランチです。ランチを利用してもらうと、店内の雰囲気や味を知ってもらえる良い機会になります。

メイン料理にサラダやスープ、飲み物を付けた、いわゆるランチセットはイタリアにはありません。

『バール・デルソーレ』のバール料理

デルソーレのバール料理には、親しみやすくて飽きのこない味わいに「イタリアの食文化を知ってほしい」という想いと、遊び心を込める。**1**.「ナポリ名物！ゼッポレ」は海藻風味の揚げ団子。**2**.「ペンネアラビアータ バール風」は、チーズをかけて焼き上げた、辛口のペンネ。**3**. 2〜3人前の「ロングピッツァ」。**4**. フェアメニューから、「ポルケッタ 鉄板仕立て」。イタリア・ラツィオ州の州都ローマの名物「ポルケッタ」（仔豚のロースト）をバラ肉のロール仕立てで、つまみやすい一口サイズにアレンジした。

現地のバールでは昼は「シンプルで手早く」が求められますから、人々が利用するのはパニーノやショートパスタです。しかし、ランチセットは店の味や接客を印象づけるチャンスですから、日本では生かすとよいでしょう。

また、店の味を伝えるために、ランチにはジェラートを付けたり、エスプレッソを追加料金で飲めるようにするといいでしょう。デルソーレでは通常1杯200円（シングル）のエスプレッソを、ランチタイムには50円で提供。セットならみんなに飲んでもらえますが、価値感が伝わりません。お客様は、たとえ50円でも代金を払うことによって「オーダーした」と意識します。品質も通常と変わらないのに、通常価格よりグッと安い。となれば「ちょっと飲んでみようか」という気持ちになりますし、残さず実際に飲んでもらえるからです。

デルソーレのメニュー構成

フードに関しては、ランチタイム・カフェタイム・ディナータイムと3段階のメニュー構成にしています。ただし、レストランの形態と違うので、ランチの後にクローズすることはありません。朝から晩までオープンしています。

フードに関しての最低のルールとして、和やエスニックの調味料は使用しないことにしています。また、イタリアを感じること、イタリアを語ることのできるメニューを入れ込むようにしています。

ランチはサラダやパスタ、ジェラートやカフェを付けた形での提供（セットメニュー）を行なっています。

夜のグランドメニューに関しては、1年間、あえて変わることがないようにしています。ただし、フェアや黒板のお勧めメニューで変化に対応することを考えています。直感的な親しみやすさを感じさせるのがグランドメニューなら、本場の食材をとり入れるなど、郷土料理の特色をより強調させるのがフェアメニュー。特にフェアメニューでは、可能な限り現地のリチェッタ（レシピ）を元にしています。私たちは実際にイタリアの地方を食べ歩いたり、知人を介して教えてもらったりして郷土料理を研究しています。

ドリンクも同様にベースは崩さずに、季節やフェアで新しいメニューを提案するようにしています。特にカフェに関しては当然、エスプレッソをベースにしていますが、年間スケジュールで「バリスタカフェ」（P.138）という項目を設けて2ヵ月に1回、新メニューを登場させています。

デザートは、ドルチェとジェラートに大きく分けられます。両方に関しても同様に年間スケジュールを立て、提供を行なっています。

このようにデルソーレでは、季節感やフェアと連動としながらメニュー構成を行ない、それに従いながら商品開発を行なっているのです。

アルコールの知識も必要

アルコールは気分をリラックスさせ、食欲を刺激してくれます。おなかいっぱい食べて、エスプレッソで消化を助ける。その流れで考えて、食事を楽しませるアルコールを提案するのも、バール文化をつくるうえでの1つの役割です。

バリスタはバーテンダーでもあるので、その仕事はカクテルをつくることも含みます。イタリアのバーテンダー協会の認定試験では32種類のスタンダードカクテルをつくれることが必須です。ですからアルコールに関する知識と技術を持つことは義務でもあります。

バリスタを志す人の中には、体質的にアルコール類が合わない人もいるでしょう。特に日本人はお酒に弱い人が多いです。私自身も飲みません。でも、私も「おいしい」と喜んでもらえるカクテルをつくります。

むしろ、お酒に強いからといって必ずしも良いバリスタになれるわけではありません。関心を持てるかどうか、お客様を喜ばせるものを提供できるかどうかが肝心なのです。

大人のティータイムの提案
軽いグラスビールやスプマンテ（イタリアの発泡ワイン）やリキュールに、チョコレートやチーズを合わせるのが大人のティータイム。写真は、アスティ・スプマンテ（グラス）とチョコレート「ジラウディ」。

食前酒の工夫

　日本では食事を始める前に「とりあえずビール」が習慣のようになっていますが、むしろ、ビールやワインは料理を引き立て一緒に味わう「食中酒」にあたるもの。「とりあえずビール」に代わるバールらしいドリンクとして提案するのはアペリティーボ（食前酒）です。食前酒は気分をリラックスさせ、食欲を高めてくれます。それだけでなく、バンコの利用やバールの使い方を知ってもらうきっかけにもなり、食前酒の選択肢が広まればもっと楽しくなります。

　イタリアで親しまれている食前酒には、ワインをベースにハーブで香りづけした「チンザノ」、スパークリングワインとイチゴジュースの「ロッシーニ」やピーチを合わせた「ベッリーニ」などがあり、爽やかな味わいで日本でも人気です。

　デルソーレでは「バール・アペ」を提案しています。バールらしいアペリティフという意味で、気取らないスタイルで楽しんでもらう口当たりのよいカクテルです。もちろんデルソーレならではのレシピでつくり、毎月、新しいカクテルを提案します。146〜147ページで一例を紹介しています。

食後酒「カフェ・コレット」のすすめ

　食後酒を表すディジェスティーヴォには「消化を助ける」という意味があり、アルコール度数の強いお酒を飲むと満腹の胃がスッキリするため、こう呼ばれています。香りのよいリキュールやブランデー類を手に食事の余韻を楽しみながら会話を続けることも食後酒の目的です。イタリアで親しまれている食後酒の主なものには、ブドウの蒸留酒「グラッパ」、レモンのリキュール「リモンチェッロ」、薬草のリキュール「アマーロ」、アンズの種核を使ったリキュール「アマレット」などがあります。イタリア人はおおいに食べ、語り合う国民性から食後酒の存在は欠かせません。

　エスプレッソも胃腸を動かして消化を促す効果がありますから、食後にそのまま利用するだけでなく、時にはイタリア人のように夜はアルコールをプラスした「カフェ・コレット」を提案しましょう。

　バールらしい、食後酒を兼ねたエスプレッソが「カフェ・コレット」。リキュールや蒸留酒を少量たらしたものです。イタリアではグラッパを合わせるのが主流ですが、アマレットやフランジェリコ（ヘーゼルナッツのリキュール）、ノチェッロ（クルミのリキュール）、サンブーカ（ニワトコの実などハーブを使った蒸留酒）、ブランデーもエスプレッソに良く合います。

『バール・デルソーレ』のアルコール

アルコールは軽く1杯からでも、食事をしながらゆっくり楽しむこともできる、バールの大きな戦力。カクテルをはじめ、ワインも有力なアイテム。イタリアはワインの名産地であり、各地の特色あるワインのフェアや、料理と組み合わせた提案も可能になる。スパークリングワインのスプマンテも好評。日本人にはなじみの薄いイタリアグラッパは、焼酎と同じ蒸留酒であることを説明するなど、お客様にとってわかりやすい売り方が大切。

BARISTA TECNICA

バリスタの技術

基礎なくしてアレンジなし。
しっかりとしたエスプレッソを
提供することが、
何よりもバリスタとして大切なこと。
エスプレッソの本当の意味を知り、
多くのお客様にその魅力を伝えてほしい。

BARISTA TECNICA

すべての基本となるエスプレッソ

すべての原点はエスプレッソ

　カプチーノやマロッキーノ、アフォガートなど、さまざまなエスプレッソメニューがバールやカフェで見られますが、すべての原点はエスプレッソ。エスプレッソがおいしくなければ、アレンジしたメニューもおいしいはずがありません。

　良いエスプレッソをつくる要素は、50％が豆、30％がマシン、残りの20％がバリスタと言われています。バリスタは20％なのかと思うかもしれませんが、バリスタの役割は重要です。トータルで100％にするためには、豆のことを理解していなければなりませんし、エスプレッソを正確な操作で抽出できる技術も必要です。

おいしいエスプレッソとは

　これは回答するのがものすごく難しい質問だと思います。豆が良くないとおいしいコーヒーはできません。焙煎も重要な要素です。エスプレッソマシンやミルの性能、豆の挽き方、タンピングの仕方、抽出の仕方も……すべてが揃わないと"おいしい"とは言えません。

　"おいしい"とはそもそも主観的な感覚ですが、あえて言うのであれば、飲む人に感動を与えられるエスプレッソかどうかだと思います。1杯飲んでおいしいエスプレッソは多くあると思いますが、たて続けに3杯飲んでもおいしいと感じさせ、もう1杯飲みたいと思わせるものはそうないと思います。

エスプレッソと「4つのM」

　ベストなエスプレッソを抽出するためには「4つのM」の調和と融合が重要です。

　1つ目のMは「Mistura」、コーヒー豆の配合です。イタリアでは、エスプレッソの豆は最低5種類ブレンドしなければいけないという話は説明しました。

　バリスタは自分が使う豆のブレンドの内容を知らなければいけません。なぜか？　それは、自分が抽出してお客様に提供するエスプレッソの味を知らなくてはダメだからです。豆への理解を深めれば、お客様にもきちんと説明ができます。

　2つ目のMは「Macinino」、豆の挽き方、メッシュです。理想的な挽き具合の粉は、7gを使って20秒〜30秒の間に、20cc〜30ccのエスプレッソを抽出できます。この状態になるよう、適切な挽き具合を見つける必要があります。ミルの調整は微妙なもので、使う豆によっても適切な挽き具合が違ってくるほどです。97ページで「メッシュの合わせ方」について解説しています。

　ホッパー内にある豆の残量にも注意が必要です。残量が多いと、重量がかかって勢いよく豆がカッター部分へと吸い込まれていきますが、少ないと勢いが弱まります。ホッパー内の豆の量によって、挽き具合や落ちる粉の量が多少変わってきます。ですから、ホッパー内には常時6分目〜7分目まで豆が入っているようにしましょう。

　ミルのレバーを引いて1回に落ちる粉の量を7gに設定しておくことも大切です。こうしておくことでホルダーの中に適量の粉を落とすことができるほか、1杯どりの場合は1回、2杯どりの場合は2回と、スムーズに作業が進みます。レバーをカチャカチャと何度も引くと、レバーのバネに負担がかかってしまいます。

　また、使用するミルが何秒で何gの粉を挽けるの

かを覚えておくことも、ホルダーに適量の粉を落とすうえで参考になります。

3つ目のMは「Macchina」、エスプレッソマシンです。90℃のお湯を使い、9気圧の圧力をかけ、20秒～30秒でエスプレッソを抽出するための本格的な業務用マシンが必要です。

エスプレッソは約90℃、9気圧の状態で、最大限にその旨味が引き出されます。9気圧より低いと味が出ず、白っぽいエスプレッソになり、逆に気圧が高いと雑味が出て、黒っぽい色になってしまいます。

使用するマシンの特性も把握する必要があります。例えば、私が使っている「チンバリー」は、抽出を開始してもすぐにはエスプレッソが落ちてきません。それはマシンに蒸らし機能がついているからです。4～5秒後に左右同時に同じスピードで抽出が始まります。そこで、マシンの特性である蒸らし機能を上手く利用して粉全体に蒸らしがかかるように、豆を細かく挽きます。

最後のMは「Mano」。技術者、つまりはバリスタのことを意味します。これまでに説明したメッシュの調整ができ、マシンのことを熟知したバリスタがいなくては、おいしいエスプレッソを抽出できるはずがありません。

豆を挽き置きする

スピード提供するために、ある程度豆を挽き置きしておくのがベターだと私は考えます。挽いた粉をためておくことでホルダーの中にきちんと7g落とすこともできます。

コーヒー豆は挽きたての新鮮な状態で使うことがおいしいエスプレッソを抽出するうえで重要だと考えている人も多いと思いますが、本当にそうでしょうか？　挽きたての粉は摩擦熱を持っており、またガスを発生します。そこに9気圧の圧力をかけて90℃のお湯を落とすわけです。粉が熱で焼けてしまい、嫌な雑味が感じられます。挽きたての粉と半日経った粉でそれぞれ抽出、比較した場合、味の変化（劣化）はすぐにわかりますが、2時間ほど前に挽いた粉だとほとんどわかりません。お客様が

1日に数百人訪れるようなお店だと、1杯1杯挽いていると作業が追いつかないこともあります。挽きだめするか否かは、そうした状況によって柔軟に対応するのがよいでしょう。

挽いた粉をホルダーに詰めた後は、できる限り早く抽出を始めるべきです。ホルダーは熱を持っているので、粉を入れたまま放置していると、その熱で粉が劣化してしまいます。

ミルの調整
ミルのホッパーには常時6～7分目まで豆を入れておく。営業終了後は豆を抜いて保管する。入れたままにしておくとホッパーが豆の油分で汚れ、豆の味にも影響が出てしまうからだ。

「5つのM」

最近は「5つのM」が重要と言われるようになりました。5つめのMは「Manutenzione」、メンテナンスです。

マシンの内部をきれいにすることはきちんとしたエスプレッソの味を出すこと、マシンの外部をきれいにすることはお客様の好印象につながります。

マシンのクリーニングは、毎日行なう作業と週1回程度の定期的な作業があります。

毎日行なう作業は、①エスプレッソ抽出口内部とシャワープレートの掃除、②スチームノズルのクリーニング、③ミルの掃除。①と②は抽出口とノズルがコーヒーの抽出カスやミルクで目詰まりするのを防ぐための作業、③はコーヒー豆の旨味や香りを損なわないようにするための基本作業です。

定期的な掃除は、①ホルダーのクリーニング、②マシンのステンレス部分の掃除。ホルダーは酸素系の漂白剤で毎日洗浄を行ないます。洗浄後、水または氷水につけ、コーヒーの油分を分離させます。

マシンの寿命は6年ほどと言われますが、きちんとメンテナンスをすれば10年、20年、30年と使うことができます。ですからメンテナンスを軽く考えず、日頃からきちんと対応し、あなた自身で最低限のメンテナンスができるようにしてください。

ドーシング、レベリング、タンピングの重要性

おいしいエスプレッソを抽出するためには、3つの大きな作業があります。ドーシング、レベリング（ならし）、タンピングです。

コーヒー豆を挽いて適量をポルタフィルターに入れる作業をドーシングといいます。挽き豆の量が0.5g違っただけで味が変わるので、ポルタフィルターの中に正確に、かつスピーディーに挽き入れることが非常に重要です。また、中心が盛り上がった山のような形に入れることも重要です。

ドーシングした粉を手のひらで平らにならす作業をレベリングといいます。レベリングでは、山のような形に入れた粉をホルダーのリムを叩いて、崩します。ホルダーは丸いので、リムを叩く時は、手のひらもそれに合わせて丸く包み込むようにします。こうすると力が全体に行き渡ります（手のひらを平らにして叩くと、粉は叩いた方に寄ってきてしまいます）。叩く力加減と回数をしっかり自分の中で決めるということが大切です。このレベリングという作業は、粉全体の空気を抜き、一定の粉の詰まり具合をつくるという作業になります。

次にタンピングを行ないます。タンピングは、粉の表面を平らにして、コーヒーをしっかり固める作業です。16kg〜20kgの圧力をかけてホルダー内の粉の表面を水平にします。

ダンピングの重要性を理解するための実験があります。正確にタンピングをしたホルダーを用意し、それ以外に、1つはホルダーに粉を入れただけのもの、もう1つはホルダーに粉を入れてならしたものを用意します。それぞれをマシンにセットし、抽出します。どうなると思いますか？ 3つとも色や香りは変わりません。ただし、何もしなかったり、ならしただけのものは、抽出時に粉が暴れてしまい、旨味がでません。酸味が強くなり、雑味も出てきます。つまり、タンピングはエスプレッソの旨味をきちんと出すために必要な作業なのです。

タンピングを行なっても、ホルダー内の表面が斜め（高低差がある状態）になっていた場合、低い方は圧力が強く、高い方は圧力が弱いことになります。ホルダー内にこのような圧力のばらつきがある場合、2つのカップに同量のエスプレッソが注がれないだけでなく、色や香り、味にも影響が出てきます。圧力が強い方のカップの抽出量は少なく、弱い方のカップは多くなります。さらに、圧力が弱い部分は粉の湯通りがよく、粉が暴れるため、雑味が感じられます。

次にホルダーとタンピングの関係について説明します。ホルダーは1杯どりのシングル用と2杯どりのダブル用があります。ダブル用を押す力を1と考えるなら、シングル用は1.5。その意味は、ホルダーの口径はシングル・ダブルともに同じですが、底はシングル用の方が小さくなっています。シング

エスプレッソの出方の実験

1. 正しいタンピング後の状態。**2**. タンパーが斜めになってしまった時のホルダー表面の様子。**3**. 正しいタンピングが施されたホルダーは、まんべんなく圧力が加わるため、表面が水平になる。エスプレッソはフィルターの中央から出てくる。**4**. タンパーが斜めになっていると、当然のことながらホルダー内も斜めに。このような状態で抽出を開始した場合、写真のようにエスプレッソがフィルターの端から出てくるのがわかる。圧力が弱い部分からお湯が通っているのだ。ボトムレスフィルターはクレマのでき方もわかるので便利な道具。

ル用は、タンピングした後に力を加えるようにねじ込み、1.5の力を加えることで、抽出がダブル用と同じようになります。

ホルダーの持ち方

　ホルダーの持ち方も注意が必要です。根本を持つバリスタが非常に多くいますが、膨らんでいる把手の一番外側を持つことにより、力もいらず手首の動作だけで装着ができます。また、マシンにホルダーを装着する時、ホルダーを外す時によくドレンパンに当てるバリスタがいますが、一番やってはいけない行為です。そのために抽出がブレたりしてしまいます。さらに、ホルダーを装着する時にのぞき込む行為は、バリスタとして格好悪いことですよ。

毎朝行なう抽出のテストと
テイスティング

エスプレッソは天候や豆の状態によって味にブレが生じます。そのため、毎朝テスト抽出を行ないます。

まずは3〜4回、抽出を繰り返します。ホルダー部分は金属なので、抽出を繰り返すことで金属臭がコーヒーの香りによって払拭され、イヤなにおいがしなくなります。もちろんその間、抽出秒数を計っておきます。その長短によってタンピングの強弱で調整し、それでも秒数に問題がある場合は挽き具合を調整します。

続いてテイスティングです。理想的なエスプレッソは、

- パンチのきいたボディ
- 適度な酸味、苦味
- 鼻の奥から抜けるようなアロマ
- キャラメルやビターチョコレートのようなアフターテイスト

を感じることができます。デルソーレでは、IIAC（P.154）のメソッドを利用して、味合わせを行なっています。どのようなことかというと、全てのチェック項目を0（最低値）〜9（最高値）までの数字で評価します。チェック項目は、①色の濃さ、②きめの細かさ、③香りの強さ、④ボディ、⑤酸味、⑥苦味、⑦渋み、⑧芳香のボリューム、⑨悪臭のボリュームの9項目です。デルソーレで使用しているミラーニ社の豆の場合、①〜⑨のチェック項目においてそれぞれこの数字までに入らなくてはならないという範囲を決めているので、その数字からずれている場合はどのようにするか、店長やトレーナーに確認をとるようにしています。

テイスティングのスタート時はエスプレッソ単体で、その後は砂糖を入れてチェックします。砂糖を入れると、その甘味でエスプレッソの味がまろやかになり、イヤな部分が消されてしまうので、必ず単体でのチェックが必要です。

それから営業前には、圧力が高くなっているボイラーを安定させる作業も行ないます。スチームを全開にし、蒸気を30秒〜40秒出し続け、ボイラー内の蒸気圧を安定させます。

エスプレッソ用の豆は極細挽にするため表面積が大きくなり、酸化や吸湿が早いのです。ホルダーに詰めるドーシングやタンピング、抽出などすべての工程で、挽き豆は空気や水分、熱にさらされるため、作業はできるだけ手早く、正確に行なわなければいけません。

スピーディーで無駄のない作業に欠かせないのが、エスプレッソが抽出される仕組みを理解し、目視と感覚で計量や抽出状態などの判断ができるよう検証しておくこと。道具の置き場所や向きなども見直しましょう。

エスプレッソに関する数字の検証

通常エスプレッソは1杯あたり6.5g〜7.5gの豆を使って抽出します。IIACの規定では7g±0.5gと決まっています。そのため、私の場合は7gです。6.5gだと少し物足りず、7.5gだと濃く感じます。7gで最大限に旨味が出ると私は感じています。9gを超えてしまうと、雑味が出たり、抽出に時間がかかってしまったり。粉の量を多くしても旨味が高まるわけではないのです。

次に25ccという抽出量について。通常は20cc〜35ccとされていますが、私の場合は25cc。豆の脂質がつくる旨味とコクが感じられ、飲み心地がいいからです。旨味から先に抽出されるので20ccだとパンチのきいた味に、35ccだと薄めでまろやかな味になります。ちなみに、エスプレッソの量自体は、同じイタリアでもばらつきがあることは先述しました。

抽出時間は20秒〜30秒です。長く出し続ければ出がらし状態に、短い時間だと旨味が出しきれないうちに終わってしまいます。

9気圧というマシンの気圧については先に説明したので、最後に約90℃というお湯の温度について。豆は89℃〜92℃の温度で成分がよく出てきます。ハチミツ状の粘度を持つコーヒー豆の脂質が90℃に温められることで、旨味を持ったコーヒーエ

キスになります。低いと白っぽい色になり、うまく味が出ません。湯温が高いと焦げたような味になってしまいます。

メッシュの合わせ方

　私が若いバリスタたちにイタリアンエスプレッソのメソッドを教える中で、メッシュを合わせられない人、誤ってミルのダイヤルを絞り込み過ぎている人が多いのが目に付きます。そこで、メッシュの合わせ方を説明します。

　①豆の焙煎具合や形を見て、どのくらいのメッシュにしたらよいか見当をつけます。これができるようになるためには、コーヒーの特性を知り、さまざまなコーヒーを知らなければいけません。深く焼いた豆は、水分が抜けて重量が軽くやわらかいので同じ7g計量した場合、粒の数は増えます。この場合、メッシュは細かめにします。これに対して浅く焼いた豆は、重量が重くかたいので同じ7g計量した場合、粒の数は減ります。この場合、メッシュは粗めにします。

　②テスト抽出し、20秒より早く抽出できた場合は、メッシュを細かくします。逆にポタポタとしかエスプレッソが落ちてこず、30秒を超えるようならメッシュを粗くします。この時に注意することが1つ。メッシュを変えたすぐ後から、変えた挽き具合の粉が落ちてくるわけではありません。ミルの中には前の挽き具合の粉が残っているので、メッシュを調整した時は、10秒ほど豆を挽いてミルの中に残っている粉と一緒に出してしまいましょう。

　③抽出秒数・抽出量をはかり、20秒～30秒で20cc～30cc抽出できればメッシュが合っていることがわかります。色、香りも確認し、その豆のポテンシャルがちゃんと出ているかをチェックします。

　時折「すごくいいエスプレッソが淹れられました」と言う人がいますが、この「すごくいい」というのは何を基準にしていると思いますか？　その人自身の感覚です。

　先の「数字の検証」でも述べたようなイタリアンエスプレッソのメソッドがなぜあるかというと、そうした自分の感覚による判断にならないようにするためです。特に何人もスタッフがいるようなお店では、メソッドの数字に基づいてエスプレッソが適正に抽出できたかどうかを判断し、そこにいるスタッフみんながそれを共有することが、常に同じ品質のエスプレッソを提供するために不可欠です。

マシンの特性を理解する

　ここではマシンの特性について、知っておきたい点を挙げておきます。
- 抽出の蒸らし機能の有無
- ホルダーの大きさ、重さ
- 抽出口の角度
- 操作方法
- ウォーマーの場所

　マシンの蒸らし機能については先述しました。
　次にホルダーに関して。1杯どり7g、2杯どり14gの粉をホルダーに入れた時に、それぞれ粉の上辺がホルダーのどの辺りにくるかを把握しておきましょう。ミルの故障で正しい量の粉が落とせなかった場合にも対応できます。
　ホルダーは種類によって大きさや重さが異なります。大きいものは粉の量が多く入り、しっかりとタンピングしないと粉の膨らみが大きいのでシャバシャバなエスプレッソになります。また、あまりに重いと、女性のバリスタにとっては負担になるので、エスプレッソマシンを購入する際のポイントになってきます。
　続いては、抽出口の角度です。先がとがっていたり丸かったり、形はさまざま。形状によって抽出状態の見やすさが変わります。
　操作方法とは、注文に応じて抽出量を変えるなど、エスプレッソの出方です。
　ウォーマーも、マシンによって場所が異なります。どこでカップを温められるのか。ウォーマーの位置を把握しましょう。それらはボイラータンクの位置でもあります。

BARISTA TECNICA

ベストなカプチーノをつくる要素

抽出とスチーミング
タイムラグを最小限に

　カプチーノをつくる際、みなさんはまずどの作業から始めますか？　私はまずエスプレッソの抽出から始めます。「当たり前じゃないか」と感じる人もいると思いますが、ではどうしてエスプレッソの抽出から始めるのか考えたことがありますか？

　エスプレッソは約25秒で抽出が終わります。この間、バリスタはじっとエスプレッソを見守っているのではなく、同時進行でミルクのスチーミングを行ないます。

　スチーミングにかかる時間は私の場合、14秒です。エスプレッソの抽出が始まって10秒ほどが経過した頃に、スチーミングを開始すると、エスプレッソの抽出が終わる直前にスチーミングが完了します。

　エスプレッソは抽出直後から、味の劣化が始まります。ですから、エスプレッソの抽出完了とスチーミング完了のタイムラグは、最小限に抑えるべきなのです。

　私はエスプレッソの劣化を防ぐために、蒸気のパワーを通常より高めに設定し、短時間でスチーミングができるようにしています。

　おいしいエスプレッソ、おいしいカプチーノをつくるためには、お客様をお待たせしないスピード提供、味を劣化させないためのスムーズな作業の流れ、という2つの点をしっかりと意識することが大切です。

　エスプレッソやフォームドミルク、スチームドミルク、1つ1つはおいしく完成したとしても、タイミングが合わなければ、そのおいしさが台無しになってしまうことだってあるのです。

カプチーノは、
1にエスプレッソ、2にミルク

　カプチーノにとっても、おいしさのベースとなるのはやはりエスプレッソです。

　そして、カプチーノにとってエスプレッソの次に大切なのがミルク。私の店では現在、乳脂肪分3.6％の牛乳を使っています。「乳脂肪分が高い方がおいしいのでは？」と思う人もいるでしょう。しかし、カプチーノはあくまでもエスプレッソとミルクのペアリングを楽しませるドリンク。乳脂肪分が高すぎると、まったりとしたミルクの味でエスプレッソの風味を消してしまうのです。また逆もしかり、エスプレッソの味が強くてミルクの味が弱くては……おいしいカプチーノといえません。バランスが非常に重要なのです。

カプチーノに最適なミルクを
選ぶための3項目

　同じ乳脂肪分3.6％のミルクでも泡立ちやすいものがあったり、泡の立ち方は同じでも早く消えてしまうものがあったりと仕上がりが異なってくるので、ミルク選びも怠ってはいけません。

　私がミルクを選ぶ際のポイントは、
- ストレートで飲んでおいしい
- 温めて飲んでおいしい
- エスプレッソと合わせて飲んでおいしい

の3つです。温めて飲んでおいしいというのは、温めることで甘みが出てくるという意味です。この甘みは、ミルクに含まれるラクトーゼという糖質の影響です。ミルクは88％が水分で、残り12％が旨味成分ですが、その旨味成分の1つがラクトーゼ。

※本書ではスチーミングしたミルクの泡と液体を混ぜたものをフォームドミルク、泡をフォーム、液体をスチームドミルクと記しています。

その甘みは60℃〜68℃で最も感じられます。ですから、スチーミングする際には、高温になり過ぎないように注意しましょう。

ピッチャーに入れるミルクの量

デルソーレでは、1人分と2人分、どちらのカプチーノをつくる時も、ピッチャーには200ccのミルクを入れてスチーミングします。単純計算だと1人分の場合は半分の100ccでよいわけですが、ミルクが少なすぎると、空気を入れた時に大量の空気が入ってバクバクの粗いフォーム（泡）になるか、空気が入らずシャバシャバのフォームになることが多いからです。なので最低でも200ccを使うようにしています。

ピッチャーの大きさ

私が店で使うピッチャーは2種類。容量が550ccと850ccのタイプです。オーダーの数によって使い分けていますが、大きいピッチャーの使用には慣れと技術が必要です。大きいピッチャーでつくると、カップによってスチームドミルクが多くなったり、フォームドミルクが多くなったりと、ばらつきが出やすくなります。こういったデメリットがありますが、大きいピッチャーは、きめの細かいフォームをつくりやすいというメリットもあります。一方、小さいピッチャーは小細工しやすいのがメリットです。

ノズルの種類によって異なる
ミルクのスチーム法

スチームノズルには4方向から蒸気が出るタイプと、1方向から出るタイプなどがあります。次のページのイラストを見てください。

1方向のタイプは、ノズルをピッチャーの中ほどに沈め、ピッチャーの側面に蒸気が当たるようにピッチャーを斜めにしながらスチーミングしましょう。

4方向のタイプは、ミルクの表面から3mmの深さにノズルをまっすぐ沈め、スチーミングしましょう。

他に5方向のノズルもありますが、これは表面から4〜5mmほどの深さに沈めましょう。

カプチーノのバランス

例えば、カプチーノをつくるのに容量150ccのカップを使ったとします。おいしいカプチーノをつくる時には、ミルクをどれだけ加えればよいでしょうか。答えは125ccで、エスプレッソが25cc。この比率によって、ベストなカプチーノが完成します。ミルクの割合は「フォームドミルク1」対「スチームドミルク5」がよいでしょう。

スチーミングが終わるとピッチャーをトントンと叩いた後に、ピッチャーごとミルクを軽く回転させます。ピッチャーをトントンと叩くのは、ミルクの大きな泡を消し、きめ細かな泡を均等にさせるためです。ミルクを回転させるのは、ピッチャーの中でフォーム（泡）とスチームドミルク（液体）を一体化させるためです。フォームとスチームドミルクが混ざらないままカップに注ぐと、液体ばかりがカップに入ってしまいます。また、ミルクを回転させるのはツヤを出すという目的もあります。先ほどお話したラクトーゼは空気と触れ合うことでツヤが出る性質をもっています。

カップにミルクを注ぐ際のスピードも重要です。ゆっくりすぎるとスチームドミルクばかりがカップに入ってしまい、カフェオレのようになってしまいます。逆に早く注ぎすぎるとフォームが多くなってしまうので、適度なスピードを自分で見つけるようにしましょう。

美しいカプチーノのために
重要なピッチャーの高さ

ピッチャーからミルクを注ぐ際、ミルクがカップのどの位置に当たるかも大切になってきます。ミルクはカップの側面に当たるようにするのですが、ベストなポイントは底から半分ほどの高さになります。

エスプレッソが入ったカップを手に持ち、ピッチャーを高い位置に構えます。カップの底から半分の

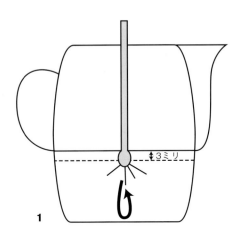
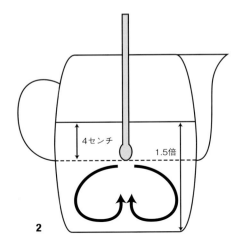

蒸気の出方が4方向の場合

蒸気の出方によってミルクの対流は変わる。上の図は4方向に蒸気が出るスチームノズルを使用したケース。**1**.ミルクの中央にノズルの先端を3mm沈めて蒸気を入れる。蒸気がミルクに触れ、「チチッ」と音がし始める。空気を含んだミルクの表面が4mm〜5mm上がる。この作業を4回ほど繰り返し、ミルクを1.5倍まで増やす。**2**.空気が上手く入った後、ミルクの液体とフォームを撹拌するためノズルの先端をミルクの表面から4cm程度沈める。ミルクを対流させながら大きな泡をつぶし、きめの細かいフォームをつくる。

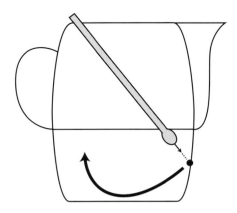

蒸気の出方が1方向の場合

スチームノズルの中には蒸気が1方向に出るものもある。この場合、4方向と同じようにミルクの表面に対して垂直に入れるとミルクの対流が起こらない。そこで、ピッチャーの側面に蒸気を当てて対流を起こす。蒸気を当てるポイントは、ミルクの表面とピッチャーの底の中間点になる。スチームノズルの長さや形状によって、ノズルを差し込む角度が変わるので注意する。

ポイントをめがけてミルクを注ぎ入れます。そして一気にピッチャーを低い位置に下げていき、注ぎ続けます。高い位置から注ぎ続けると、ミルクがエスプレッソの下にもぐりこんで白いフォームが浮いてこないので注意しましょう。

この時点でカップは斜めになっていると思いますが、少しずつ水平に戻すようにしましょう。こうすることで、注いだミルクがグッと上がってきます。

ミルクを落として、ピッチャーをカップに近づけて、ミルクが浮いてきたらカップを水平に戻していく。このイメージが大切です。

できあがったカプチーノを見てください。ミルクがふわ〜っと表面に広がっているのが成功例。白い部分が小さい場合は、高い位置からミルクを注ぎ続けたことが原因です。しかし、この失敗例を生かす方法があります。

ミルクの部分が小さい場合は、エスプレッソのクレマの下にフォームドミルクが隠れてしまっているのです。そこで、楊枝などを使って、隠れている泡を表面に引っ張り出すようにして絵を描けば、ブラウンが基調のデザインカプチーノの完成です。

デザインカプチーノをつくる理由

私たちはデザインカプチーノをコミュニケーションツールとして活用しています。そこには、いずれエスプレッソに導いていくため、という目的があります。ですから、カプチーノに絵を描けるようになることはゴールではありません。しかし、デザインカプチーノがきちんとできあがるためには技術的な面がしっかりしている必要があります。バリスタの力量があらわれてしまうという意味では、目標に値するといえます。

私がデザインカプチーノに初めて出会ったのは、イタリアで修業していた時です。師匠のイタリア人、ピエトロが遊び半分でつくって見せてくれました。その時見たのは「木の葉（リーフ）」「オートバイ」「ウサギ」「女性の顔」の4つ。

この時の感動が、エスプレッソを日本で身近なものにするためのヒントになりました。いきなりエスプレッソではなく、ミルクで割ったカプチーノなら身近に、そのカプチーノに面白さや楽しさが加わればもっと身近にできると思ったのです。

先にも言いましたが、絵を描けるようになることはゴールではありません。まず、きちんとしたエスプレッソが出せる、きちんとミルクをスチーミングできる、バランスよくエスプレッソとミルクを入れられることが大事。おいしさが大切なんです。

絵と味では記憶に残るのはどっちだと思いますか？　絵は記憶に残りそうですが、最後まで記憶に残っているのは味なんです。

近頃は、きれいなデザインをつくるために、エスプレッソにしっかりとできたクレマをわざわざブレイクさせるバリスタがいます。しかし、クレマは、香りをしっかりと閉じ込めておくために必要なもの。それをわざわざ壊すというのは、すなわち、味に大きな影響を及ぼすということを理解してください。

また衛生面では、カップをわしづかみするバリスタが多くみられます。やりやすいのは理解できますが、お客様には関係のないこと。何でもそうですが、ベタベタさわるということは気を付けなくてはいけません。

ミルクの巻き込みについて

デザインカプチーノは、抽出したエスプレッソにフォームドミルクを注ぎ、エスプレッソとミルクの色の濃淡などを利用して絵を描くわけですから、白い部分と茶色の部分のメリハリがはっきりしていなければ、きれいではありません。

そのために必要なのが、第一に、ミルクの泡のきめ細かさです。泡が粗いとプツプツと穴が空いてしまいます。

もう1つは、フォームドミルクを注ぐ時の手さばきです。はじめに高い位置からカップの中央を目指して注ぎ入れ、ミルクがぽっかり浮かび上がったら、ピッチャーをカップに近づけていきます。ここまでは先に説明しました。

ピッチャーを振る動作は、絵柄に応じて振ります。この時の動きが的確でないと起こるのが「巻き

込み」と呼んでいる現象です。本当は白くしておきたい部分にココアパウダーの茶色い斑点を巻き込んでしまったり、輪郭がブレてしまったり。あえて効果を狙って巻き込みをつくる場合もありますが、無自覚に色の対比があいまいな絵柄しか描けないとしたら、フォームドミルクの立て方か注ぎ方が良くないということ。デザインカプチーノの仕上がりは、技術の完成度を知るバロメーターなんです。

　気のきいたデザインでお客様に喜んでもらうことは、バリスタにとってもうれしいことですが、絵を描くことにばかり気をとられると、ミルクの泡はしぼみ、温度は下がり、最も大事な味わいの質が落ちてしまう。そうなっては本末転倒です。

　デルソーレのカプチーノは、必ずココアパウダーをふります。私が修業したミラノは約9割のお店がココアを振るため、その手法を採用しています。また、ココアを最後に振りかけるのではなく、デルソーレのやり方は、エスプレッソの上に振って、その上からミルクを注ぎ入れます。これは味の影響というより、上手くミルクをカップに注がないとココアパウダーが表面に浮かんでこずに巻き込まれてしまうからです。

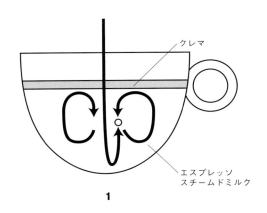

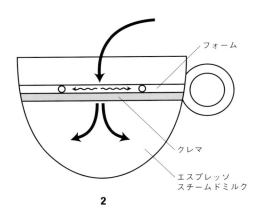

高い位置と低い位置で
ミルクを注ぐ場合

1. 高い位置からフォームドミルクは注ぎ始めるが、そのまま注ぎ続けているといつまでたっても白いフォームは浮かんでこない。それは浮かび上がろうとするフォームを、下に向かって対流するスチームドミルクとエスプレッソが巻き込んでつぶしているからだ。**2.** 逆に低い位置からフォームドミルクを注ぎ続けると、フォームとクレマが混ざって表面に浮かぶ。またはスチームドミルクとエスプレッソの上にフォームがのるケースが見られる。

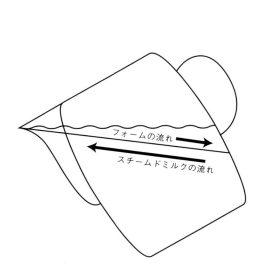

フォームドミルクを注いでいる時の
ピッチャー内の動き

時間が経つと液体より軽い泡は上へと上がろうとする。そのため比重の重いミルクからカップに入り、最後は泡だけが残るということが起きてしまう。こうした場合は、ピッチャーを左右に揺すって泡を落とすようにする。

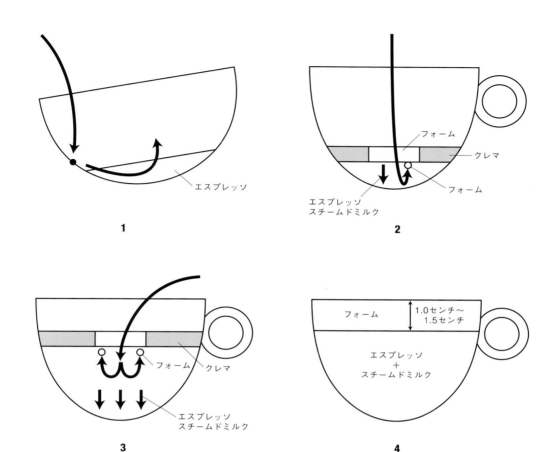

フォームドミルクを注いだ時の
カップの中の様子

1. 高い位置からフォームドミルクを落として、クレマを突き破った後、すり鉢上になったカプチーノカップのカーブを利用して、フォームドミルクを浮かび上がらせる。1投目のベストなポイントはカップの底から半分ほどの高さのところ。**2.** 高い位置からフォームドミルクを注ぐとフォームは上に上がろうとする。逆にスチームドミルクとエスプレッソは下に対流する。**3.** ピッチャーをカップに近づけてフォームを浮かび上がらせる状態。**4.** カプチーノの理想的なバランスは、表面から1.0cm～1.5cmの幅できめの細かいフォームの層ができること。

カプチーノとカフェラテの違い

　アメリカでいうカフェラテを、イタリアではカフェラッテといいます。
　イタリアのカフェラッテは、一般的にはバールなどのお店で飲む商品ではありません。もちろん注文したらつくってもらえますが、基本的にはメニューにありません。現地のバールでこれを注文すると、バリスタが非常に嫌な顔をする時もあります。なぜなら、カフェラッテは家庭で飲む品だから。空気を含まない（泡がない）、温めたミルクをエスプレッソに注いだだけの、いわばテクニックがまったく必要ない品だからです。
　バールでどうしても注文したい時は「カプチーノ・センツァ・スキューマー」（泡なしカプチーノをください）と言います。
　アメリカのカフェラテにはフォーム（泡）が入っています。カプチーノ、カフェラッテ、カフェラテの基準は、
●イタリアのカプチーノ：150cc～180ccのカップに対して、エスプレッソ25cc・スチームドミルク125cc・フォームドミルク25cc。
●イタリアのカフェラッテ：220ccのカップに対して、エスプレッソ25cc・泡なしミルク180cc。
●アメリカのカフェラテ：240ccのカップに対して、エスプレッソ30cc・スチームドミルク200cc・フォームドミルク10cc。
　また、カップに注ぎ入れるフォームの幅（高さ）は、
●カプチーノ…1cm～1.5cm
●カフェラッテ…0cm　●カフェラテ…0.8cm
●オーストラリアのフラットホワイト…0.3cm

BARISTA TECNICA

アレンジコーヒーの考え方、組み合わせ方

アレンジコーヒーも主役はエスプレッソ

　カフェラテにフレーバーシロップやクリーム、チョコレート、ナッツ類などを組み合わせたアレンジコーヒーが人気を集めています。私は「おいしかったら何でも組み合わせてよい」という考えではなく、アレンジでも「エスプレッソが主役になっている」という範囲内で行なうようにしています。基本がエスプレッソであることを忘れてはいけません。組み合わせは、入れるものとのバランスと順番が大切です。見栄えよく、冷たいものは冷たく、熱いものは熱くつくることもポイントになります。さらに、カフェなのか、デザートなのか。商品のコンセプト、ストーリー性も大切です。

　個人的な考えですが、日本人はコーヒーの味を知っているようで、実は知らない。それは、コーヒーの消費量が高いわりには、インスタントコーヒーの文化が根強いからだと思います。

　私がバールを経営するのは、イタリアの文化を伝えたいという想いがあるから。なのでアレンジコーヒーも何でもありではなく、きちんとエスプレッソの味が伝わるものにしようと考えるわけです。組み合わせる食材も、ジェラートを使うなど、イタリアを感じさせるようにします。

大きく分けて2通りの発想法

　エスプレッソを使ったアレンジコーヒーをつくる際、私の場合は2つの考え方があります。

　1つ目は、エスプレッソに合わせる素材がストレートに伝わるメニュー。チョコレートソースやキャラメルなど、どんな食材を使っているのかがはっきりわかるように組み合わせる方法です。

　2つ目は、意外性のあるメニュー。私が考えたアレンジコーヒーで、エスプレッソにミルクとマスカルポーネチーズ、アイリッシュクリームを合わせた「カフェティラミス」というものがあります。「エスプレッソとチーズは合うのか？」と思うかもしれませんが、名前通りの味わいのドリンクです。意外性のある組み合わせは、プレゼンテーションにもなるので自分のオリジナルメニューをいくつか持っておくといいでしょう。

　エスプレッソと組み合わせる食材で、タブーなものについての知識もあったほうがよいでしょう。一般的に、エスプレッソにベリー系のフルーツは合いにくいとされています。2つを組み合わせることで、イヤな苦味が出てしまうからです。他のフルーツ類もベリー系ほどではありませんが、合わせにくい食材に入ります。

　しかし、ベリー系でもブルーベリーの場合、練乳やハチミツを組み合わせることで、イヤな苦味が抑えられます。

　フルーツ類でもパッションフルーツは、工夫次第で使える食材の1つ。私の場合はココナッツジェラートを一緒に使うことがあります。

　逆に相性抜群の食材というと、やはりチョコレートです。チョコレートを橋渡し役にして、さまざまな食材と組み合わせることが可能です。黒胡椒やコアントローを加えると、個性的な味に仕上がります。また、キャラメルもエスプレッソと好相性です。通常、キャラメルをつくる際は、グラニュー糖を焦がして、お湯を加えて仕上げますが、お湯の代わりにグラッパを使うと風味が立ち、独自性のあるキャラメルに仕上がります。

　ナッツ類もエスプレッソと相性がいいですね。使

う際には、湿気ていないか、油が出ていないかをチェックしましょう。

　最後に、アレンジコーヒーは混ぜて飲むのか、そのまま飲むのか、お客様に伝える必要があります。例えばエスプレッソに生クリームをのせた「カフェ・コン・パンナ」は、両方をすくいとって食べて飲むもの。混ぜて飲むとおいしくないんですね。飲み方まで説明してドリンクは完成する、ということを頭に入れておきましょう。

エスプレッソを主役に考える

1. アレンジコーヒーはバリスタの腕の見せ所でもあるが、おいしさの基本がエスプレッソであることを忘れてはいけない。コーヒードリンクである以上、コーヒー感があることはおいしさの面でも重要なポイントになる。**2.** チョコレートやアルコールなどの相性の良い素材、チーズ、ヨーグルトといった意外性のある素材など、色々試すことで臨機応変にアレンジしていくことが可能になる。**3.** 見た目のデザイン性も重要に。糖分が入った液体の比重が重くなることを利用して層をつくるのも技術。

BARISTA TECNICA
営業時のバリスタの動き

一流のバリスタは動きに無駄がない

　右手でホルダーをマシンにはめながら、左手で抽出のボタンを押す、なんていうスピーディーなバリスタの身のこなしは、見ていて気持ちのよいもの。逆に、バリスタがオロオロと戸惑っていては、お客様に不安を与えてしまいます。

　腕のいいバリスタは、全身を使って作業をしています。作業のリズムを体で覚えているからです。リズミカルに作業を進めていく様子は合理的で、動きが早く、とてもきれいです。

　では、リズミカルに動くためにはどうしたらいいのでしょうか。それは自分が何秒でその作業をできるのかをしっかりと頭の中に入れておくことです。

　例えば、カプチーノをつくる場合、大事なのはミルクを何秒で泡立てられるか。エスプレッソの抽出は25秒です。ミルクのスチーミングに14秒かかる場合、10秒ほどのタイムラグが生じます。これをどう合わせてベストなカプチーノをつくるのかを考えていくことが肝心です。

　また、腕のいいバリスタは、常にマシンの周りをきれいに整理整頓しています。これは、使用した食材や器具を、常に元あった場所に戻しているからです。どこに何があるかを体が覚えているので、いちいち探さなくてもパッと必要なものを手に取り、次の作業に移ることができるのです。

　カップの持ち方ひとつでも提供までの時間短縮が可能です。右ページの写真を見てください。正しい持ち方をしていると、そのまますんなりマシンの台に置くことができます。しかし持ち方を誤ると、必要以上に手を返しながらカップを置かなければいけません。「そんな些細なこと」と思うかもしれませんが、「チリも積もれば」です。

　バリスタには、いま行なっている作業のことだけを考えるのではなく、次、その次と先々のことを考えて、仕事をするように心がけてもらいたいです。

作業の優先順位を考える

　営業時は、さまざまなメニューのオーダーが入ってきます。同時に複数の注文が入ることも想定していなければなりません。

　例えば、カプチーノ2杯、エスプレッソ3杯のオーダーが入ったら、どのような順番で作業を行ないますか。答えはこうです。
①カプチーノ用のエスプレッソを2杯分抽出する。
②ミルクのスチーミングを開始する。
③エスプレッソを3杯分抽出する。

　先にエスプレッソ3杯を抽出してしまっては、カプチーノができあがる頃には冷めてしまいます。すべてを同時に行なうことは不可能ですから、何からすべきかを頭の中でシュミレーションし、作業に取りかかりましょう。

　また、お客様の様子を見て、臨機応変に提供の順番を変えることも必要です。グループ客と1人客のオーダーが同時に入った場合は、1人客の商品を先に出すようにします。

イタリア系とシアトル系バリスタの動きの違い

　エスプレッソやカプチーノがメニューの主流であるイタリアのバール（以下、イタリア系）は、個人経営のお店が多いので柔軟にお客様の好みに対応しやすく、それができるバリスタこそ一流といえます。一方、カフェラテがメニューの主流であるシ

アトル系コーヒーショップ（以下、シアトル系）は、レジカウンターでオーダーをとり、決まったメニューの中から選んでもらうスタイルのお店も多く、特にチェーン店だとマニュアルがあるのでお客様1人ひとりの好みに対応するのは難しいでしょう。

またイタリア系では、エスプレッソマシンの前面がお客様のほうを向くかたちで設置され、バリスタはエスプレッソカップやカプチーノカップに淹れて提供します。一方シアトル系では、エスプレッソマシンの背面がお客様のほうを向くかたちで設置され、マグカップや紙カップで提供するお店も多くあります。

先述の通り両者は使用する豆も異なり、イタリア系がブレンドされた豆を使うのに対し、シアトル系はブレンドだけでなくシングルの豆を使うお店も増えています。

イタリア人がおいしいものや自分の好みに対して思い入れが強いことはお話しましたが、彼らはバールを訪れると、自分好みのエスプレッソやメニューにないアレンジコーヒーも平気で注文します。つまり、イタリア系では一番にお客様のオーダーがあり、お客様を納得させるだけの味（おいしさ）が求められるので、バリスタとしてそれにどう対応（勝負）するかが、私が思うイタリア系の面白さです。

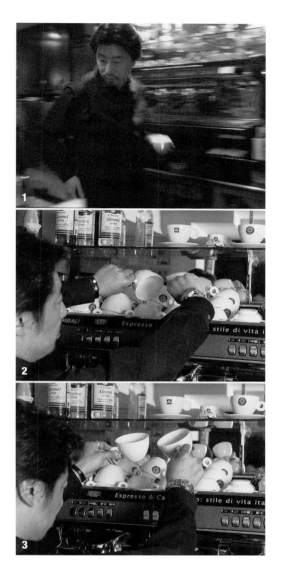

バリスタのオペレーション

1. 動きをスピーディーに行なうには、リズム感よく全身を使って作業すること。常に両手を使えるようにし、あいた手で次の作業を行なう。マシンのふき掃除、タオルの交換、ピッチャーの洗浄など、こまめに掃除をすることも大切だ。**2.3**. カップの取っ手部分をどのように持つかで、その後の作業がスピーディーに行なえるか否かが決まる。逆手に取っ手を持つことで、裏返した手をクルリと元に戻すだけでスッとマシンの台に置ける。カップを順手で取ると、台にセッティングする際に不自然に手を返すようになり、動きに無駄が生じてしまう。

BARISTA TECNICA
バリスタの道具

エスプレッソマシンのように、バリスタとして営業に欠かせない道具があります。
道具は自分なりに工夫して活用しましょう。ここでは私が実際に使っている道具を紹介します。

ポルタフィルター
ダブルとシングルタイプのポルタフィルターです。抽出口の形状、粉を詰めるフィルターの形状などが違います。ダブルタイプのポルタフィルターは、14gの粉を詰めるため深くなっており、7gの粉を詰めるシングルタイプは浅くなっています。

水平器
エスプレッソマシンが水平に設置されていることを確認するために使う道具です。マシンが水平な状態でないと抽出にブレが出てしまいます。

電子スケール
エスプレッソの抽出量や挽いた粉の量が適正かどうかを量ります。

ショットグラス
最初にエスプレッソを25秒で25cc落とす際に使用します。ショットグラスに落としたエスプレッソのクレマの泡が良い状態かどうかを確認します。

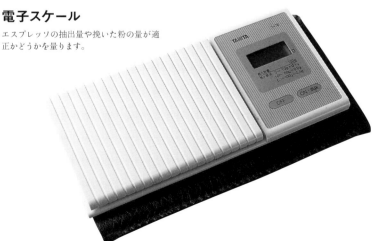

ソムリエナイフ

スチームノズルの蒸気線の穴を掃除する時に使います。

マシンの清掃道具

エスプレッソマシンを購入するとセットになってくる清掃道具です。先端が曲がったハケは、抽出口内部とシャワープレートについた抽出カスを落とすために使います。ゴムパットはフィルターにのせて洗剤を入れ、抽出口にセットしてお湯を逆流させ、内部清掃に使います。

ココアパウダー容器

カプチーノやマロッキーノなどに使用するココアパウダーを入れておく容器です。ココアパウダーは、フォーム（泡）などのデコレーションに使います。きれいに仕上げるため細かい穴の開いたものを使うとよいでしょう。

ミルクピッチャー

2杯どり用と4杯どり用を使っています。ピッチャーの素材はステンレス、アルミ、セラミックと色々ありますが、厚めで熱伝導の良い物を選びましょう。形状はフラスコ形、寸胴形などがあります。この「メブラ」のピッチャーは底に向かって丸くなっています。熱伝導の良いステンレス製で、手で包み込むように持てるため、ミルクの温度変化や対流の様子がわかりやすく、注ぐ量を加減しやすい口もポイントです。

カクテルピン

デザインカプチーノをつくる時に使います。フォームに浮いたココアパウダーを先端に付けて絵筆代わりにします。楊枝と比べて、ある程度長さのあるカクテルピンは細い線も描きやすいうえ、きれいで見た目にもよく、洗って繰り返し使える点でもお勧めです。

BARISTA TECNICA

スプーン
先端を90度に曲げたティースプーンは、フォームドミルクの中にエスプレッソをゆっくりと注ぎ、層状にする時に使います。バースプーンもドリンクを層状にする時に使うほか、カクテルをつくる時、ホットチョコレートやシロップを混ぜる時にも使います。

シェーカー
カクテルなどのアルコールも提供するバリスタには使用頻度の高い道具です。シェカラートなどの冷たいエスプレッソドリンクやドルチェ風のアレンジコーヒー、アルコールを使わないドリンクを作る際にも使います。大小のサイズがあると便利です。

ホイッパー
大小2種類を使っています。大きいほうはシェーカーに入れたジェラートを溶かす時に、小さいほうは砂糖を溶かす時などに使います。

おろし器
アレンジコーヒーやカクテルにレモンやオレンジのピールをトッピングしたり、柑橘の香りを添えたりする時に使います。

Espresso & Bar Aperitivo

Espresso エスプレッソ

Cappuccino カプチーノ

Macchiato マッキャート

Shekerato シェカラート

Fantasia アレンジコーヒー

Barista Caffè バリスタカフェ

Bar Aperitivo バール・アペ

01_Espresso

エスプレッソ

エスプレッソは、コーヒー豆が本来持つ香りや味わいが凝縮したエッセンス。さまざまなアレンジドリンクやカクテルにもメニューが広がります。私が考えるおいしいエスプレッソとは、苦味のあるボディに、適度な酸味がある状態のもの。さらには、鼻の奥から抜けるようなアロマや、キャラメルやビターチョコレートに似た後味があるもの。大切なのは、基本のエスプレッソが常にきちんと出せること。色やクレマを見て、ベストな状態かどうかを判断することもできます。

材料 [1人分] (25cc) 　　コーヒーの粉……7g

1
7gの粉を挽き、ホルダーに詰める（イタリアンエスプレッソの規定では7g±0.5g）。きちんと計量した粉の上面がホルダー内のどの辺りまで来るかをきちんと覚えておくこと。次にホルダーを手で軽く叩いて粉の表面をならし、ホルダー内の粉が均一に詰まるようにする。

2
ホルダーに粉を詰めたらミルの突起部分やタンパーなどを使ってタンピングを行なう。タンピングはエスプレッソの旨味を出すための重要な作業。16kg～20kgの圧力をかけてホルダー内の粉を水平にする。水平にすることで均一にお湯が粉を通るようになり、旨味をきちんと出すことができる。タンピングにミルの突起部分を使うのはスムーズに作業を行なうため。タンピングが強いと苦味が出て、弱いと酸味が出るので注意。

3
ボタンを押して4～5秒の蒸らし時間が終わると、ハチミツのようなとろりとした液体が出る。15秒を超えたあたりから、濃い茶色から淡い茶色に変わる。途中から、出てくる液体の量が徐々に少なくなっていき、抽出が途切れる瞬間が終了の合図。ここまでが約25秒。ホルダー内の粉の表面が水平になっていなかったり、マシンが水平に設置されていないと、2個のカップで抽出量が違ってくるので注意する。

4
ベストなエスプレッソは、スプーンで混ぜてもすぐにクレマが元の状態に戻る。クレマが広がったまま元に戻らない時やすぐ消えてなくなる時は、豆が古い、メッシュが合っていないなどの原因が考えられる。また、抽出後の粉の状態でもエスプレッソの良し悪しがわかる。指で軽く表面を押した時、場所によってへこんだりばらつきがあったりするのはタンピングが弱いことが原因だ。

02_Cappuccino

カプチーノ・ハート

苦味のあるエスプレッソとやさしい甘みのミルクのハーモニーが持ち味のカプチーノ。エスプレッソの質はもちろんのこと、ミルクのスチームの仕方でカプチーノ自体の味わいも変わってきます。また、スチーミングしたミルクを空気と触れ合わせることで、見た目にも美しいツヤが出てきます。

材料[1人分]　　エスプレッソ……25cc　　フォームドミルク……175cc

※本書ではスチーミングしたミルクの泡と液体を混ぜたものをフォームドミルク、泡をフォーム、液体をスチームドミルクを記しています。
※デルソーレのカプチーノは、大きめのカップに合わせて少し多めにミルクを入れてつくっています。

ミルクをスチーミングする

きめの細かいフォームドミルクをつくるうえで大事なことが2点ある。1つは、冷たいミルクを使用すること。温かいミルクではきめの細かいフォームができないほか、ミルクの甘みも飛んでしまう。もう1つは、1杯分でも200ccはピッチャーに入れること。それより少ないと、対流を起こさせるスペースがなくなるからだ。

スチームノズルの先端をミルクの表面に対して垂直に近づけ、中央に3mm沈める(蒸気の出方が4方向の場合)。スチームダイヤルを全開にし、スチーミング開始。チリチリという音が鳴り、ミルクが元の約1.5倍の量になったらノズルをさらに沈め、ミルクを対流させながら大きな泡をつぶし、きめの細かいフォームをつくる。私のスチーミングの時間は14秒。短時間でスチーミングを終わらせるため、蒸気圧を強めに設定している。

スチーミング終了後、ピッチャーの底を台に軽く当て、大きな泡をつぶす。さらに、ピッチャーをクルクルまわす。ミルクが空気と触れ、ツヤがでる。フォームドミルクは急速に氷水で冷やすと再利用できる。ただし泡立ちが悪いので新しいミルクを同割りで使うこと。

完成したフォームドミルクの状態。スプーンですくうと、とろりとしたフォームがわかる。ツヤもあり、泡のもちもよい。

フォームドミルクを注ぐ

カプチーノカップに指を当てているポイントを目指してフォームドミルクを注ぐ。持続力のあるクレマを持つエスプレッソを抽出することで、コントラストがはっきりしたカプチーノができる。

カプチーノカップはピッチャー側に少し傾けておく。こうすることでフォームドミルクがカップの底に当たった際、すり鉢状のカーブに沿って跳ね返り、フォームがきれいに上がってくる。始めはピッチャーを高く持ち、エスプレッソのクレマを突き破るように勢いよくミルクを注ぐ。ミルクがクレマの下にもぐり始めたら、カプチーノの表面にフォームを丸く浮かび上がらせるように、ピッチャーを低く近づける。

フォームが浮かび上がってきたら、カップを水平に戻し始め、カップのすり切りまでミルクを注いで仕上げる。写真のようにハート型の模様をつくる場合は、ピッチャーを手前（自分の方）に素早く動かし、浮かび上がってきたリンゴのようなフォームを半分に切るようにカップのふちまで一気に注ぐ。

先端に向かって先が細くなるように注ぐと、表面にはフォームドミルクが広がり、くっきりとハートの模様になる。

ミルクを高い位置から注ぎ続けたらどうなるか？

高い位置からミルクを注ぎ続けると、フォームが表面に浮かび上がろうとする力が強くなる。しかし、できあがったカプチーノの表面を見るとわかるように、上の写真よりブラウンがかっている。これはエスプレッソとミルクが混ざった液体が、浮かび上がろうとするフォームを巻き込み、つぶしているからだ。

クレマをフォームで浮かび上がらせてカプチーノをつくる

フォームがカプチーノの表面に浮かび上がろうとする原理を生かしたもう1つのつくり方を紹介する。注ぎ始めのピッチャーの高さは「カプチーノ・ハート」をつくる時と同じ。ハート型をつくる際は途中からピッチャーの位置を下げるが、クレマを浮かび上がらせる時は最初の高さをキープする。

クレマがフォームの浮かび上がろうとする力で表面に押し上げられる。このまま高い位置からミルクを注ぎ続けると、フォームをつぶしてしまうので、途中からピッチャーの位置をカップに近づけ、フォームを少し浮かび上がらせて仕上げる。表面はブラウンがかったクレマ、その下にフォームドミルクの層をつくる。

このまま提供するのではなく、ひと工夫加える。クレマの下に隠れているフォームドミルクをカクテルピンなどを使って、表面に引き出していく。放射状に曲線を書くと太陽のようなデザインに仕上げることができる。

表面をスプーンですくうと、とろりとした理想的な状態のフォームドミルクがエスプレッソと一体となっている。この一体感こそがカプチーノのおいしさをつくる基本だ。

写真左のカプチーノをアレンジ。放射状にのばした曲線の上にフォームドミルクとチョコレートソースで中心から8本の線を引く。カクテルピンで円を描いて模様をつくる。

02_Cappuccino

カプチーノ・リーフ

ココアパウダーを用いてフォームドミルクとのコントラストで絵を描くデザインカプチーノ。イタリアで修業した時に初めてこのリーフ（木の葉）のデザインカプチーノを見ました。とても驚いたことを今でも覚えています。このデザインをつくる時、注意したいのは「おいしさ」です。カプチーノは適温が低いため素早い提供が必要になります。

材料 [1人分]	エスプレッソ……25cc	ココアパウダー……0.5g～1g	フォームドミルク……175cc

フォームドミルクを注ぐ

カプチーノカップにエスプレッソを抽出し、その上にココアパウダーを振る。フォームドミルクは通常のカプチーノの手順と同様に、カップを少し傾け、中央に注いでいく。

通常のカプチーノの手順と同様に、始めはピッチャーを高く持ち、エスプレッソのクレマを突き破るように勢いよくフォームドミルクを注ぐ。同時にピッチャーを前方（写真奥）に動かし、注ぎ口をカップに近づけてフォームが浮かび上がるのを待つ。フォームが浮かんできたら、ピッチャーを手首を使って左右にゆっくりと振りながら注ぐ。手の振りが大きいとリーフの模様が太くなり、小さいと細くなる。

写真手前に向かって振り幅を小さくし、先が細くなるようにリーフを描く。カップのふち近くまできたら、傾きを水平に戻し始め、中央に細い線を引いて仕上げる。ピッチャーの底を気持ち上げてミルクを注ぐと、フォームがきれいにカップに入る。

完成したリーフ模様。

カプチーノ・ウサギ

ココアパウダーをカクテルピンの先に付けて絵を描くエッチング法を用いたデザインカプチーノ。ウサギは女性に喜ばれるデザインです。フォームドミルクを注ぎ、耳、顔の順に仕上げます。バランスよくフォームを浮かび上がらせることがポイントになります。そして、ココアパウダーで絵を描く際は手早く行なうことが大切です。

材料[1人分]	エスプレッソ……25cc	ココアパウダー……0.5g～1g	フォームドミルク……175cc

フォームドミルクを注ぐ

1 — カプチーノカップにエスプレッソを抽出し、その上にココアパウダーを振る。フォームドミルクは通常のカプチーノの手順と同様に、カップを少し傾け、中央に注いでいく。

2 — 始めはピッチャーを高く持ち、勢いよくフォームドミルクを注ぐ（写真左）。ピッチャーをカップに近づけながらしばらくミルクを注ぎ、フォームが丸く浮かび上がるのを待つ（写真中央）。フォームが浮いて写真右のような大きさになったら、ピッチャーを前方（写真向かって手前から奥）にゆっくりと動かし、耳を描く。フォームが少ないと耳の部分がエスプレッソとミルクに巻き込まれるので注意。

3 耳の部分を描いたら、次は顔の部分をフォームで描く。耳よりひとまわり大きい円をつくるイメージでフォームを浮かび上がらせる。耳を描くのが早すぎるとウサギの顔が下ぶくれになってしまうので、バランスよくフォームを浮かび上がらせるのがポイントとなる。

4 ココアパウダーで絵を描く。時間が経つとフォームが沈んでしまうので作業は手早く行なう。ミルクを注ぎ始めてからここまで1分が目安。

カプチーノ・ゾウ　　　　　　　　　　　カプチーノ・イノシシ

カプチーノ・ウサギ　　　　　　　　　　カプチーノ・イヌ

カプチーノ・ベル

カプチーノ・メッセージ

カプチーノ・子ども

カプチーノ・メッセージ

03_Macchiato

マッキャート

エスプレッソに少量のフォームドミルクを注いでつくる、エスプレッソのバリエーション。マッキャートはイタリア語で「染み」を意味し、フォームドミルクが染みのようにエスプレッソに付いているという、見た目のイメージからこの名前が付けられました。エスプレッソカップで提供します。

材料[1人分]　　エスプレッソ……25cc　　フォームドミルク……10cc

ミルクをスチーミングする

カプチーノと同様の手順でミルクをスチーミングする。スチーミングにかける時間も同じで14秒〜18秒。カプチーノより空気の量を少なくミルクに送り込み、ミルクの泡立ちで表面が約1.2倍に増えるまで行なう（カプチーノは1.5倍）。

フォームドミルクを注ぐ

1
エスプレッソカップを傾け、低い位置から中央にミルクを注ぐ。エスプレッソにミルクの染みを付けるイメージで、素早くスチームドミルクを注いでフォームを丸く浮かび上がらせるのがポイント。フォームが浮かび上がってきたら、カップを水平に戻し始め、カップのすり切りまでミルクを注いでいく。

2
ピッチャーを素早く前方（写真向かって手前）に動かし、丸く浮かび上がったフォームを先端部が細くなるようにハートを描く。

03_Macchiato

マッキャート

ミルクのフォームが入ることで口当たりが優しくなるマッキャート。エスプレッソのほろ苦さをしっかりと出すこともおいしさのポイントです。エスプレッソと相性の良いチョコレートソースを使ってアレンジすることで、おいしさも見た目も違ったマッキャートを提供することができます。

材料[1人分]　　エスプレッソ……25cc　　フォームドミルク……10cc　　チョコレートソース……適量

フォームドミルクを注ぐ

1　エスプレッソカップを傾け、低い位置から中央にミルクを注ぐ。エスプレッソにミルクの染みを付けるイメージで、素早くスチームドミルクを注いでフォームを丸く浮かび上がらせる。フォームが浮かび上がってきたら、カップを水平に戻し始め、カップのすり切りまでミルクを注いでいく。

2　仕上げにチョコレートソースを使って模様を描くため、フォームを写真の大きさまで丸く浮かび上がらせる。

チョコレートソースで模様を描く

3　カップを台の上に置き、チョコレートソースで模様を描く。マッキャートの表面に丸く浮かび上がったフォームの外側から中心に向かって、渦巻きを描くようにチョコレートソースを施す。仕上げにカクテルピンを使い、中心に向かって曲線を描いていく。

04_Shakerato

シェカラート

イタリアでアイスコーヒーといえばシェカラート。ミルクを入れる・入れない、砂糖多め・少なめなどお客様の細かい要望に応じることができる、まさに〝あなたのための特別な1杯〟といえるコーヒーです。シェーカーの振り方でかなり味わいが変わってくるのでバリスタの技量が問われるドリンクでもあります。

| 材料[1人分] | エスプレッソ……25cc | 牛乳……25cc | グラニュー糖……10g | 氷……10個（200g） |

シェーカーの振り方がポイント

1

シェーカーに砂糖を入れる。抽出したエスプレッソをシェーカーに入れ、よく混ぜて砂糖を溶かす。

2

牛乳を加え、氷を入れ、シェーカーのふたをする。

3

シェーカー内の液体を氷の上でスライドさせるようなイメージで力強くシェークする。振る目安は30回。

4

シェークしたことで中の体積が膨張しているので注ぐ前に1度ふたを抜く。

5 カクテルグラスに注ぎ入れる。

横山おすすめの作り方

1 シェーカーにエスプレッソを抽出する⇒75℃
2 1にグラニュー糖、牛乳を加え、混ぜる⇒37℃
3 氷を加え、ハードシェークを30回行なう⇒3℃
※この時溶けた氷＝水20g
振り方を強く短くすれば、溶ける氷が少なくなり（水っぽさがやわらぎ）コクが出る。ちなみに私は、振り方を工夫して、20回で仕上げるようにしています。

05_Fantasia

1
ピッチャーにミルクとチョコラータ用パウダーを入れてスチーミングし、チョコラータをつくる。空気を含ませて、とろっとした状態に仕上げる。

2
1を耐熱カップに注ぎ入れる。

3
フォームドミルクをつくる。少しおいてフォームを固める。

4
カップに3のフォームをスプーンで加える。カップのふちになすりつける感覚で加えると、きれいな層に仕上がる。

5
フォームドミルクを注ぎ入れる。

6
エスプレッソを抽出し、ゆっくりと注ぎ入れる。

7
仕上げにホイップクリームを絞り、ココアパウダーを振る。

ビチェリン・デルソーレ

イタリア・トリノで有名なエスプレッソとチョコレートを使った「ビチェリン」がベース。チョコラートとエスプレッソ、ミルク、生クリームのコンビネーションを楽しんでください。ここではチョコラータ用のパウダーを使っています。濃いブラウンからトップのホワイトへと美しいグラデーションも魅力になります。

材料[1人分]
エスプレッソ……25cc
フォームドミルク……90cc
チョコラータ
　（チョコラータ用パウダーは牛乳10に対してパウダー2を使用）……60cc
ホイップクリーム（35%）……15g
ココアパウダー……適量

1
耐熱カップにハチミツとホワイトチョコレートを入れる。

2
ミルクに生クリームを加えてスチーミングし（約1.8倍の空気を入れる）、フォームドミルクをつくる。少しおいてフォームを固める。

3
エスプレッソを抽出する。

4

↓
2のフォームが固まってきたところで、ピッチャーをまわしてツヤを出したフォームドミルクをカップへ注ぎ入れる。

5

↓
バースプーンなどでエスプレッソを受けるように、ゆっくりと注ぎ入れる。こうすることで、エスプレッソが下まで落ちず、きれいな層になる。

6

↓
表面にココアパウダーを振る。その上にフォームをのせ、チョコレートソースで目と鼻と口を描く。

マロッキーノ

北イタリアで親しまれている「マロッキーノ」をアレンジしました。通常、ビターチョコレートを使うところをホワイトチョコレートにしています。ホワイトチョコレートは甘味が強いので、仕上げにココアパウダーを多めに振りかけてほろ苦さを出しています。ミルクの中には生クリームを少量加えてコクを出しました。

材料 [1人分]
エスプレッソ……25cc
フォームドミルク……70cc
ハチミツ……2g
ホワイトチョコレート（ブロック）……10g
生クリーム（6分立て、加糖）……0.8g
ココアパウダー……適量
チョコレートソース……適量

05_Fantasia

05_Fantasia

ラ・ドルチェ・ヴィータ（甘い生活）

キャラメル、ハチミツ、ジェラートなどを使ったデザートドリンク。アイスドリンクですが、氷だけではなくジェラートも使うことで水っぽくならないようにしています。濃厚な甘味が特徴ですが、甘さ一辺倒にならないよう、エスプレッソの苦味で全体を引き締めています。

材料 [1人分]
エスプレッソ……25cc
キャラメルソース（仕上げ用を含む）……10g
生クリーム……13g
牛乳……10cc
ハチミツ……6g
グラニュー糖……6g
ラッテ（ミルク）ジェラート……35g
キャラメルシロップ……15cc
氷……3個

1
カクテルグラスにキャラメルソースを入れる。

2
6分立てのホイップクリームをつくる。生クリームに牛乳、ハチミツを加えてホイップする。

3
シェーカーにグラニュー糖、ラッテジェラート、エスプレッソを入れて混ぜる。さらにキャラメルシロップ、氷を加えてシェークする。

4
グラスに**3**を注ぎ入れ、絞り袋を使って**2**のクリームを絞る。

5
キャラメルソースで模様を描く。

カフェ・コン・ピスターキオ

ピスタチオペーストを使ったクリームを使い、さらにアーモンドシロップも加えて、まったりとした味わいのドリンクに仕上げました。エスプレッソドリンクには珍しい淡いグリーンも特徴的です。トップにはヘーゼルナッツのプラリネを散らし、食感の面白さと香ばしさを楽しんでもらいます。

材料 [1人分]
エスプレッソ……25cc
ピスタチオクリーム
　（ホイップクリーム・加糖25g、ピスタチオペースト5g）……30g
グラニュー糖……3g
アーモンドシロップ……10g
プラリネ（ヘーゼルナッツ）……適量

1
ホイップクリームとピスタチオペーストを混ぜ合わせ、ピスタチオクリームをつくる。

2

スチームノズルを利用し、蒸気でワイングラスを温めておく。温まったらグラスに付いた蒸気はふき取る。

3

カップにグラニュー糖とアーモンドシロップを入れ、そこにエスプレッソを抽出する。よく混ぜてグラニュー糖をとかす。

4

3をワイングラスに注ぎ、ピスタチオクリームをのせる。

5
プラリネを散らす。

05_Fantasia

05_Fantasia

カフェ・イタリアーノ

エスプレッソとカンパリという珍しい組み合わせのコーヒーカクテル。カンパリ特有の苦味がエスプレッソとも好相性です。柑橘香によって、爽やかな余韻が残り、印象的なドリンクになっています。カンパリは蒸気を使って温めているので、こちらも香り高いです。

材料[1人分]
エスプレッソ……25cc
フォームドミルク……35cc
カンパリ……10cc
グラニュー糖……9g
オレンジシロップ……15cc
オレンジピール……適量

1
耐熱カップにカンパリとグラニュー糖、オレンジシロップを入れ、スチームノズルを使って蒸気で温める。

2
エスプレッソを抽出し、同時にフォームドミルクをつくる。

3
カップにエスプレッソを注ぎ、ミルクのフォームをスプーンですくい入れる。

4
残りのフォームドミルクを静かに注いで層をつくる。

5
オレンジピールを飾り、爽やかな柑橘香を強調する。

1
ミキサーにエスプレッソ、牛乳、ヘーゼルナッツジェラート、グラニュー糖、氷を入れて撹拌する。

2

あらかじめ冷やしておいたグラスに、チョコレートソースで線を描き、**1**を注ぐ。グラスを冷やしておくことで線がきれいに描ける。

3
表面にチョコレートソースで線を描き、プラリネをトッピングする。

カフェ・ノッチョリーナ

ノッチョリーナとはイタリア語でヘーゼルナッツのこと。ナッツの風味がきいたエスプレッソのグラニータです。グラスはチョコレートソースでデコレーションし、おしゃれさをアップ。トップにはアーモンドのプラリネを散らしました。

材料 [1人分]
エスプレッソ……25cc
牛乳……25cc
ヘーゼルナッツジェラート……40g
グラニュー糖……6g
氷……6個
チョコレートソース……3g
プラリネ（アーモンド）　適量

05_Fantasia

05_Fantasia　　　　　　　　　05_Fantasia

アフォガート・アル・カフェ

冷たいジェラートに熱いエスプレッソをかけたシンプルなデザート。冷たい、熱いというコントラストが楽しい一品です。ミルクたっぷりのジェラートの甘味とエスプレッソの苦味が好相性で、ともにおいしさを引き出し合っています。お客様の目の前でグラスに入ったジェラートに熱いエスプレッソを注ぐと、提供時の演出も魅力になります。

材料 [1人分]
エスプレッソ……25cc
ラッテ（ミルク）ジェラート……70g

1
グラスにラッテジェラートを入れる。

2
エスプレッソをクリーマーに抽出し、1に注ぐ。

アフォガート・アル・ミエレ

「アフォガート」はイタリア語で"溺れる"という意味。ジェラートがコーヒーの中で溺れているイメージを、組み合わせる素材を変えてアレンジしました。選んだのはカフェと相性のよいハチミツです。また、コーヒー感を出すためにエスプレッソではなく、コーヒー豆を挽いて使っています。

材料 [1人分]
ラッテジェラート……70g
ハチミツ……5g
コーヒー豆……1g

1
グラスにラッテジェラートを入れる。

2
ハチミツをかける。

3
ペッパーミルに入れたコーヒー豆を挽いて、振りかける。挽きたてにすることでコーヒーの香りが際立つ。

05_Fantasia

05_Fantasia

スクイジート（天にものぼる）

ティラミスケーキをイメージし、そのクリームだけを使用してエスプレッソを上からかけるとこんなにおいしく！という思いでイタリア語で「天にものぼる」と名付けた一品。

材料 [1人分]
エスプレッソ……25cc
ティラミスクリーム※……80g

1
グラスにティラミスクリームを入れる。ティラミスクリームはしっかりと固まったものを使用する。

2
エスプレッソをクリーマーに抽出し、**1**に注ぐ。

※卵黄6個とグラニュー糖130gを合わせ、ホイッパーで混ぜ合わせる。白くもったりとしてきたら、マスカルポーネ500gを2、3回に分けて加え、混ぜ合わせる。ホイップクリーム（生クリーム35％、200ccを7分立てにしたもの）を数回に分けて加え、ゴムべらで混ぜ合わせる。冷蔵庫で冷やし固める。（材料は10人分）

マンジョ・ディ・ナスコスト

パンナコッタにエスプレッソを注ぎ、アフォガート風に仕上げたドルチェカフェ。ベリー系のフルーツはコーヒーと合わせると苦味が出るので、練乳を使って甘さを強調し、苦味を抑えています。

材料 [1人分]
エスプレッソ……25cc
ラズベリーソース……5g
練乳……4g
パンナコッタ……15g
ホイップクリーム……3g
コーヒー豆……1粒

1
グラスにラズベリーソースと練乳を入れる。

2
パンナコッタを重ねる。

3
エスプレッソを注いでホイップクリームを絞り、コーヒー豆を飾る。

Barista Caffè
バリスタカフェ

Caffè Arcobaleno
カフェ・アルコバレーノ

イタリアのバリスタチャンピオン、ルイジ・ルピ氏からアイデアをもらったドリンク。アルコバレーノとはイタリア語で「虹」を意味します。エスプレッソにヨーグルトとは意外な組み合わせのようですが、これがすごく好相性！

●

材料[1杯分]　エスプレッソ……25cc　バニラ風味のヨーグルト……80g　バニラシロップ……10cc　チョコレートソース……適量　赤いソース……適量　緑のソース……適量
※赤と緑のソースは、各色のシロップにゼラチンを加えてとろみをつけたもの。

作り方
1. ピッチャーにヨーグルトを入れ、バニラシロップをゆっくりと加えながら混ぜ合わせる。
2. 抽出したエスプレッソを加え、ゆっくりと混ぜた後、グラスに注ぐ。
3. チョコレートソースで円を描く。その周りを緑のソースで丸く囲み、さらにその周りを赤いソースで丸く囲んで三重丸のかたちにする。
4. カクテルピンを使って模様を描く。中心から外へ向かう放射線を描き、その間を外から中心に向かう線を描く。

Affogato Magico
アフォガート・マジコ

綿菓子の上から熱いエスプレッソをかけると、綿菓子がス～ッと消えた中から、アフォガートの顔が現れる。まさにマジック！（イタリア語で「マジコ」）。演出効果満点で、お客様もバリスタも童心にかえって楽しめるドリンクですが、味わいは大人好み。

●

材料[1杯分]
エスプレッソ……25cc　ラッテ（ミルク）ジェラート……35g　ビスコッティ……1本　ヘーゼルナッツ（ホール）……2個　綿菓子……5g　ヘーゼルナッツシロップ……3g

作り方
1. グラスにジェラートをディッシャーで2個分入れる。
2. ビスコッティ1本を半分に折り、1に立てるようにさす。
3. ヘーゼルナッツをふりかけ、綿菓子をふんわりと覆いかぶせる。
4. エスプレッソを抽出し、そこにヘーゼルナッツシロップを加える。
5. お客様の前で、3の上から4をかける。

「エスプレッソの味わい」と「フォームドミルクのおいしさ」を生かした楽しい飲み物が"Barista Caffè"。イタリアのバリスタに教わったものをアレンジしたり、エスプレッソに親しみ、関心を高めてもらえるような工夫を加えたり。デルソーレではテーマに合わせたバリスタカフェを定期的に提供しており、ここではその一部を紹介します。

Caffè Crema Caramella
カフェ・クレマ・キャラメッラ

パイをつついて砕きながら味わってもらうドリンク。小さなグラス1杯の中に「眺める」「パイを砕く」「サクサクのパイを食べる」「ドリンクのしみたパイを食べる」「スプーンですくって味わう」「ドリンクとして飲む」と、色々な楽しみ方があります。

●

材料［1杯分］ エスプレッソ……25cc キャラメルクリーム（カスタードクリームにキャラメルソースを合わせたもの）……15g 牛乳（フォームドミルクとして）……17g パイ（グラスの口径に合った形と大きさのもの）……1枚 粉糖……少量
作り方
1. キャラメルクリームをグラスに入れておく。
2. 牛乳をスチーミングする。空気を多く入れて1.8倍のフォームにする。
3. 2の泡の部分をスプーンですくってグラスに入れる。
4. 2の液体の部分をゆっくりと注ぎ入れる。
5. 抽出したエスプレッソをゆっくりと注ぎ入れる。
6. パイ生地の表面に粉糖で模様をつける。型紙を置いた上からふりかけるとよい。
7. 6を5の上にのせる。

Shakerato Menta
シェカラート・メンタ

メンタは、イタリア語で「ミント」の意。シェカラート（イタリア式アイスコーヒー）は夏によく飲まれますが、ミントを加えることによって清涼感がさらにアップ。暑い真夏においしい、ひと味違ったシェカラートになります。

●

材料［1杯分］
エスプレッソ……50cc グラニュー糖……6g ミントシロップ……15cc 牛乳……35cc チョコレートソース……適量 生クリーム（3分立てにホイップしたもの）……適量 ミントの葉……1枚 氷（シェーク用）……適量
作り方
1. シェーカーにグラニュー糖、ミントシロップを入れる。
2. 抽出したエスプレッソをシェーカーに加えてよく混ぜ合わせる。
3. さらに牛乳を加え、氷を入れてシェークする。
4. グラスの側面にチョコレートソースを回し入れる。
5. グラスに3を注ぎ入れ、生クリームを浮かべ、ミントの葉を飾る。

Barista Caffè

Shakerato Caffè con Coca
シェカラート・カフェ・コン・コカ

シュワシュワ感が印象的な1杯。「エスプレッソとコーラ!?」と驚かれるかもしれませんが、飲んでみるとやみつきになりそうな魅力があります。コーラにはちょっとしたこだわりがある私の自信作。コーラフロートの感覚です。

●

材料[1杯分]　エスプレッソ……25cc　グラニュー糖……5g　ラッテ（ミルク）ジェラート……35g　牛乳……10g　カルーア（コーヒーリキュール）……5cc　コーラ……50cc　氷（シェーク用）……適量
作り方
1. シェーカーにグラニュー糖とエスプレッソを入れ、よく混ぜる。
2. ジェラート、牛乳、カルーアを加えてよくなじませる。
3. 氷を入れてシェークする。
4. グラスにコーラを注ぎ、3を注ぎ入れる。

Shakerato Caffè Latte
シェカラート・カフェ・ラテ

シェカラートに「ジェラート」をプラスすることで、さらにイタリアのイメージを高めています。チョコレート風味のジェラートを使用しました。

●

材料[1杯分]　エスプレッソ……25cc　ジェラート（チョコレート）……90g　キャラメルソース……7g　牛乳……55cc　氷（シェーク用）……適量
作り方
1. シェーカーにジェラートを入れておく。
2. 抽出したエスプレッソ、キャラメルソースを加え、よく混ぜてなじませる。
3. 氷を入れてシェークする。
4. グラスに冷たい牛乳を入れ、バースプーンに沿ってゆっくりと3を注ぎ入れ、2層に分かれるようにする。

Shakerato con Gelatina
シェカラート・コン・ジェラティーナ

「シェカラート」+「ゼリー」で、エスプレッソを飲む・食べるが一緒に楽しめます。キャラメルシロップの甘味でエスプレッソの苦さがやわらぎ、バランスのよい味わいに仕上がっています。

●

材料[1杯分]
エスプレッソゼリー〈エスプレッソ …… 25g　板ゼラチン …… 3/5枚　水 …… 55g　グラニュー糖 …… 6g　インスタントコーヒー …… 1g〉　エスプレッソ …… 25cc　キャラメルシロップ …… 10cc　牛乳 …… 50cc　ホイップクリーム（5分立て） …… 15g　チョコレートソース …… 適量　氷（シェーク用） …… 適量

作り方
1. エスプレッソゼリーをつくっておく。板ゼラチンを水で戻し、エスプレッソを抽出して、すべての材料をよく混ぜ合わせ、冷蔵庫で冷やし固める。
2. グラスにエスプレッソゼリーをスプーンですくって入れる。
3. シェーカーにキャラメルシロップ、抽出したエスプレッソ、牛乳、氷を入れてシェークする。
4. 3をグラスに注ぎ入れ、ホイップクリームを浮かべる。
5. 表面にチョコレートソースで模様を描く。

Gelato Caldo
ジェラート・カルド

直訳すると「温かいアイスクリーム」。フルーツグラスに入れた見た目はジェラートを使った冷たいパフェのようですが、温かく味わってもらう一品です。

●

材料[1杯分]
エスプレッソ …… 25cc　生クリーム …… 20g　バニラシロップ …… 5cc　チョコラータ（濃厚なチョコレートドリンク） …… 75g　ジェラート（ザバイオーネ） …… 120g　ウエハース …… 1枚
※ザバイオーネは、マルサラ酒と卵黄をベースにつくったソース。そのジェラートを使う。

作り方
1. 生クリームにバニラシロップを入れ、8分立てのホイップにする。絞り袋に入れておく。
2. 温めたチョコラータをグラスに入れる。
3. ピッチャーにザバイオーネのジェラートを入れ、スチームで温め、ゆっくりと2の上に注ぎ入れる。
4. エスプレッソを抽出し、3に浮かべるように注ぎ入れる。
5. 1のホイップクリームを絞り、ウエハースを飾る。

Barista Caffè

Caffè Necci
カフェ・ネッチ

ネッチは、イタリア語で「栗のデザート」の意。「マロン エスプレッソ・プリン」をイメージして、デザート感覚で食べるドリンクをつくりました。

●

材料[1杯分]
マロンのプリン〈エスプレッソ ……24cc　牛乳 ……100cc　マロンシロップ ……25g　板ゼラチン ……1/2枚〉　トッピング用クリーム〈リコッタチーズ ……15g　ホイップクリーム ……15g〉

作り方
1. マロンのプリンをつくっておく。板ゼラチンを水で戻し、エスプレッソを抽出して、すべての材料をよく混ぜ合わせ、冷蔵庫で冷やし固める。
2. トッピング用のクリームをつくっておく。リコッタチーズと、6分立てにしたホイップクリームを混ぜ合わせる。
3. グラスに、1のプリンをスプーンですくって入れる。
4. 2のクリームを2本のスプーンでフットボール型に整え、プリンの上にのせる。

Caffè Granita
カフェ・グラニータ

「グラニータ」とは、かき氷のようなものを指すイタリア語。一般的には専用のグラニータマシンやブレンダーを使ってつくられることが多いですが、デルソーレでは昔ながらの製法で、粗いシャリ感が心地良いグラニータに仕上げました。

●

材料[グラニータはつくりやすい量。その他は1杯分]
グラニータ〈エスプレッソ ……300cc　水 ……100cc　ガムシロップ ……100cc〉　ホイップクリーム ……25g　コーヒー豆 ……1粒

作り方
1. グラニータをつくっておく。エスプレッソを抽出し、水、ガムシロップと合わせて冷凍庫で冷やし固める。固まりかけたらフォークなどでかき、再び凍らせる。これを数回繰り返す。
2. グラスにスプーンまたはディッシャーで1のグラニータ(75g)をふんわりと盛り付ける。
3. ホイップクリームを絞り、コーヒー豆をトッピングする。

Cappuccino con Amore
カプチーノ・コン・アモーレ

「愛を込めたカプチーノ」という意味。イチゴの甘さとほんのりピンクの色合いの中に、エスプレッソの苦さがバツグンの味わいです。

●

材料［1杯分］
エスプレッソ …… 25cc　ホワイトチョコレート …… 15g　牛乳（フォームドミルクにして）…… 75cc　ストロベリーシロップ …… 20g　赤いソース（P.138「カフェ・アルコバレーノ」の項参照）…… 適量

作り方
1. カプチーノカップに、砕いたホワイトチョコレートを入れる。
2. 牛乳とストロベリーシロップをピッチャーに入れ、フォームドミルクをつくる。
3. 1のカップにエスプレッソを抽出する。
4. 2を注ぎ入れ、ハート型のラテアートを施す。
5. 赤いソースでハートの絵柄をふちどり、内側にも小さなハート型を描く。

Cappuccino Zenzero
カプチーノ・ゼンゼーロ

栄養価が高く、体を温める効果もあるショウガ。ショウガやハチミツを利用した紅茶はありますが、コーヒーは？とひらめき、ショウガを生かしたカフェを考えました。冬にぜひ飲んでもらいたいドリンクです。

●

材料［1杯分］
エスプレッソ …… 25cc　ハチミツ …… 10g　グラニュー糖 …… 8g　生ショウガ（すりおろし）…… 2g　牛乳（フォームドミルクにして）…… 140cc　チョコレートソース …… 適量

作り方
1. カプチーノカップに、ハチミツ、グラニュー糖、ショウガを入れておく。
2. 1のカップにエスプレッソを抽出し、よく混ぜ合わせる。
3. 牛乳をスチーミングする。1.5倍になるよう空気を入れる。
4. 3をカップに注ぎ、ハート型のラテアートを施す。
5. チョコレートソースでハートの絵柄をふちどり、矢印を描く。

Barista Caffè

Monte d'oro
モンテドーロ

エスプレッソにホイップクリームを合わせる「カフェ・コン・パンナ」のアレンジ。モンテドーロは日本語に訳すと「金山」で、リッチなチョコレートクリームに金粉をあしらいました。飲み物というより、デザート感覚で食べてもらう一品です。

●

材料 [1杯分]
エスプレッソ …… 25cc　オレンジピール（刻んだもの）…… 適量　クーベルチュール（ブロック状のものを粗く砕く）…… 5g　チョコレートクリーム …… 34g　トッピング用チョコレート …… 1枚　金粉スプレー …… 適量

作り方
1. カプチーノカップにオレンジピール、クーベルチュールを入れる。
2. 1のカップにエスプレッソを抽出する（混ぜ合わせる必要はない）。
3. チョコレートクリームを2に、山のように絞る。
4. トッピング用チョコレートを飾る。
5. 仕上げに金粉を吹きかける。

Caffè Barozzi
カフェ・バロッツィ

ほろ苦いエスプレッソ風味の、ナッツ入りイタリアンチョコレートケーキ「バロッツィ」。これをカフェにアレンジしました。

●

材料 [1杯分]
エスプレッソ …… 25cc　チョコラータ（濃厚なチョコレートドリンク）…… 40g　生クリーム …… 15g　チョコレート（ヘーゼルナッツ入りのもの）…… 5g　プラリネ …… 1g

作り方
1. エスプレッソを抽出し、カップに入れる。
2. チョコラータをカップに入れ、混ぜ合わせる。
3. 生クリームにチョコレートを混ぜ合わせ、カップに流し入れる。
4. 砕いたプラリネをトッピングする。

Caffè Zuppa Inglese
カフェ・ズッパイングレーゼ

ズッパイングレーゼは代表的なイタリアンドルチェの1つで、「イギリス風スープ」という意味があります。アングレーズソース（カスタードクリーム）を使うから"イギリス風"、スポンジケーキにリキュールやシロップをひたすことから"スープ"と名付けられたといいます。そのイメージをカフェに応用した、ドルチェカフェの一種です。

•

材料［1杯分］
エスプレッソ …… 25cc　牛乳（フォームドミルクにして）…… 160cc　チェリーシロップ …… 10cc　カスタードクリーム …… 15g　ホイップクリーム …… 15g　アマレナチェリー（イタリア製のシロップ漬チェリー）…… 1粒

作り方
1. ピッチャーに牛乳、チェリーシロップ、カスタードクリームを入れ、スチーミングする。
2. エスプレッソを抽出する。
3. 1をカップに入れ、スプーンを利用してエスプレッソを浮かべる。
4. ホイップクリームを表面に絞る。
5. アマレナチェリーをトッピングし、漬け汁を少々あしらう。

Latte Macchiato al Grappa
ラッテ・マッキャート・アル・グラッパ

アルコールを合わせたエスプレッソ「カフェ・コレット」を知らない人に、少しでも触れてもらうための入門編として考案。ミルクを加えることでグラッパの味が和らぐ上、グレナデンで赤く色付けした角砂糖に炎をともす演出効果もあるドリンクです。

•

材料［1杯分］
エスプレッソ …… 25cc　牛乳（フォームドミルクにして）…… 160cc　角砂糖 …… 1個　グレナデンシロップ …… 5cc　グラッパ …… 10cc

作り方
1. 牛乳をスチーミングする。空気を1.2倍入れるつもりで泡立て、カップに注ぐ。
2. エスプレッソを抽出し、1に加える。
3. スプーンに角砂糖をのせ、グレナデンシロップ、グラッパの順に染み込ませる。
4. 客席で、スプーンの上の角砂糖に火を付ける。
5. 角砂糖がグツグツしてきたらグラスに落とし入れる。

Bar Aperitivo
楽しい食前酒 バール・アペ

Spritz
スプリッツ

白ワインをソーダで割り、軽くさっぱりとした食前酒に。イタリアのリキュール「アペロール」を加えることで、ほのかなビター感をプラス。

Arancione
アランチョーネ

「チンザノ・オランチョ」をジンジャエールで割ったもの。オレンジの香りと親しみやすい味わいが楽しい気分を盛り上げてくれそうな1杯。

Azzurro
アッズーロ

白ワインに、ピーチネクターとブルーキュラソーを加えたもの。「青」という名前通りに静かな海を思わせる色合いと、ソフトでフルーティーな口あたり。

Erba
エルバ

「チンザノ・ドライ」にグレープフルーツジュースとトニックウォーターを加えたもの。甘過ぎずさっぱりとした味わいに、男性のファンも増えています。

気軽にバンコを利用してほしいから、軽めで爽やか、食前酒にぴったりのドリンクを考えました。名づけて「バール・アペ」。イタリアで昔から親しまれているカクテルのレシピやそこに使われるリキュールなどからイメージを広げたオリジナルドリンクです。

Amalfi Limone
アマルフィ・リモーネ

白ワインとリモンチェッロをトニックウォーターで割ったもの。すがすがしい香りで気分すっきり。アマルフィは、南イタリアにある海沿いの町。

Siciliano
シチリアーノ

赤ワインに、アーモンドリキュール「アマレット」とトニックウォーターを加えたもの。透き通った深紅に辛口の味わい、優しい香りがエレガント。

Amaro Coca
アマーロ・コカ

コーラ通である私・横山お勧めの1杯。白ワインをコーラで割り、リキュール「モンテネグロアマーロ」の甘苦い香りをきかせました。

Bella Donna
ベッラドンナ

白ワイン、トマトジュース、ジンジャエールでつくる赤いアペ。イタリア語で「美しい貴婦人」の意味とともに、薬草の名としても知られています。

5 E PIÙ
and more…

バリスタになって20年以上の歳月が流れた。
これまでに日本代表として、世界大会にも参加した。
世界大会ではたくさんの出会いがあり、
すばらしい経験ができた。
ここでは世界大会の思い出と、
（株）フォルトゥーナが取り組む
IIAC（国際カフェテイスティング協会）の
活動について紹介する。

E PIÙ

競技会で何を表現するのか

競技会で何を表現するのか

　競技会は、1つの目標に向けて力を高める良い機会です。
　私がジャパン・バリスタ・チャンピオンシップに出場したのは、2004年の時は「国内で優勝する」こと、2005年の時は「バリスタという職業を知ってもらう」という目的があったからです。
　バリスタという職業の名前を知っている人は以前より増えましたが、まだ「エスプレッソを淹れる人」以上は理解が広まっていません。世間の注目を集める大会が果たすべき役目は「今後のバリスタ像」を見せることだと思います。
　大会で重要なのは、競技の中で自分の持っている技術や雰囲気を表現できるか、そして自分の言葉で表現できるかどうかです。

自分の言葉で表現しよう

　プレゼンテーションでは、1つひとつの動作について単に「こうします」「次にこうします」と手順を言い連ねるだけでなく、「こうします。なぜなら…」と、根拠まで説明できることが大切です。実際にお客様を前にしたと想定すれば、マニュアル通りに言うだけなど通用しません。
　私自身バリスタとして、説明よりも、まずは味を楽しんでもらうことを優先させたいと思っています。
　また、自分の言葉でしゃべるほうが楽しいこともあり、私は原稿は用意しませんでした。当日、他の人の競技を見てから話す内容を考えることが多かったですね。ワールド・バリスタ・チャンピオンシップでは通訳の加藤さんと合わせるため、原稿を用意しましたが、結局、雰囲気で違うことを話し、加藤さんを戸惑わせてしまいました。
　2004年のワールド・バリスタ・チャンピオンシップでは、私の名前が間違えられて「ヨコハマ」と呼ばれました。私はわざと「My name is YOKOYAMA, not Yokohama」と強調しました。ユーモアで切り返したおかげでかえってインパクトを高められました。

立ち振るまいもきれいに

　立ち振るまいをきれいに見せることは、修得度を示し、信頼感を高めるうえでも大事です。例えば、ホルダーから粉を捨てる時、何度もトントンやらずにコン！と1回叩いて済ませる。審査員にサーブする水はピッチャーをスッとあげ、並べたグラスの同じ水位に1度に揃うように注ぐ。カップは把手を自分に向けてマシンの上で温めておき、取り出す時は両手に1個ずつ持ってハート形を描くように構えるときれいです。
　大会に参加すること自体には意義があります。デルソーレでも出場する若いスタッフに言うのは「モチベーションを上げて、できれば決勝へ進めるように頑張れ。順位よりも大切なのは、自分のやり方を発揮すること」。出場する人たちには、バリスタという仕事に対する自分の想いを十分に発揮してほしいと思っています。そして、バリスタの素晴らしさを見どころとして表現してほしいです。

競技会でのバリスタの姿
プレゼン用の原稿は用意せず、当日、他の選手たちの競技を見てスピーチを考える。「アドリブの横山」とよく言われたが、あくまでお客様が主役の場にいるのが自分のバリスタの姿だから。日頃、自分が力を発揮しているバールでのお客様とのコミュニケーションを、どこにいても大切にすることで、自分の力が出せる。

E PIÙ

バリスタ世界大会の思い出

2002年、日本人初の挑戦の舞台

　ワールド・バリスタ・チャンピオンシップ。日本人が初めてこの世界大会に参戦したのは、2002年のノルウェー・オスロで開催された時。その栄えある1回目、日本人初の参加者として、私はノルウェーの地に立っていました。

　その頃はまだ、今のように情報もなく、ただただ初めてのことだらけでした。おまけにその時は、日本の協会（現在の日本スペシャルティコーヒー協会）もまだ歴史と経験がなく、もちろんお金も……。とりあえず、1人で参加ということで、ノルウェーの地に乗り込みました。

　他のバリスタたちの様子を見ると、1人で来ているのは、どうやら私だけのようでした。

　各国はチームをつくり、バリスタをサポートしていました。大会の説明を聞いたり、メンテナンス関係、スケジュール、練習の場所取りなどはチームのメンバーが行なうわけです。今思えば、よく自分1人で戦ったなと思います。

　この大会で初めて出会ったイタリアのチャンピオン、ルイジ・ルピが、私の練習時のデモンストレーションを見て、「日本人か？　イタリアで働いた経験ある？」と聞いてきました。私が「なぜ？」と聞くと、「イタリアのバリスタの動きそのものだったからビックリしたんだよ」と。その時からチームイタリアが色々と手伝ってくれました。私のプレゼンテーションの時に一番前の席で応援してくれたのもイタリアチームでした。

　本番の競技が始まり、イタリアチームから応援されている彼は誰？という雰囲気が会場内に流れる中、持ち時間の15分があっという間に過ぎて……。残念ながら決勝に残ることはできませんでしたが、思い出に残る大会になりました。

原点であるイタリアへ

　2004年、日本にとって3回目の世界大会にあたる会場の地は、私のバリスタの原点でもあるイタリア。それも、私に「エスプレッソの伝道師になりなさい」と言って道をつくってくれたイリー社の本拠地でもある、トリエステです。

　私は2003年に交通事故にあい、再起不可能と言われるほどの大きな事故でしたが、そのハードルを乗り越え、再度WBCにチャレンジできる機会に恵まれました。

　私のバリスタ競技者としてのテーマは"心に残るプレゼンテーション"です。前回のオスロ大会での成績は9位で、決して良いとは言えませんが、YOKOYAMAという1人のバリスタとしては、なかなか良いデモンストレーション、コミュニケーションを行なうことができました。そのため色々な所に行ってもかわいがってもらえ、海外のバリスタと一緒にする仕事の機会も増えました。

　イタリア大会では"日本とイタリアを愛する"というテーマでプレゼンテーションを構成しました。服装は、着物でつくったユニフォームです。テーブルのセットに使うランチョンマットは、これまた着物の生地でつくられたもの。砂糖壺を寿司下駄にのせ、その寿司下駄を日本庭園風に仕上げました。メニューは扇子に書き、水は屋久島の水を提供しました。

　日本を強調しつつも、エスプレッソはやはりイタリアが発祥。イタリアのバリスタのホスピタリティを忘れず、動きもエスプレッソの抽出からスタートして、カプチーノへ、きちんとしたフォームとバラ

ンスに気を配りました。シグネチャードリンクは、私たちのバールのテーマでもある"出会いの場（インコントロ）"を表現しようと、30年前にジェラートの修業で初めてイタリアを訪れた時に体験したもの（おいしいジェラート、ジャンドゥーヤチョコレートの口溶けとヘーゼルナッツの香り、イタリアを代表するチーズマスカルポーネなど）をエスプレッソと合わせ、シェーカーで振った冷たいドリンクを提供しました。

この時も残念ながら決勝には進めませんでしたが、1つ思い出深いエピソードがあります。大会チャンピオンの発表後に、私の2003年の事故のエピソードが司会者の方からあり、「ミラクルマン！Mr.YOKOYAMA！」と、会場の人たちがスタンディングオベーションとなり、皆さんの前でスピーチをしたことが忘れられません。

世界大会で出会ったイタリアのバリスタ、ルイジ・ルピ

ルイジ・ルピは、私が最も尊敬するイタリア人バリスタ。世界のトップバリスタの1人で、2002年のイタリアバリスタチャンピオンです。

バリスタが持つパッシオーネ（情熱）は人によって違いますが、彼と私に共通しているパッシオーネは「お客様に喜んでもらう」こと、そして「本物を伝える」こと。

ルイジは人が好きで、お客様を第一に考え、お客様と絶えずコンタクトをとり、コミュニケーションをはかるというホスピタリティと、エスプレッソに関する誤解を解いて「おいしい飲み物」として世界に広めたいという想いが、私と同じです。

ルイジと私の目指す場所は一緒

ルイジは、自分の持っている技術や知識を惜しげもなく人に与え、イタリア人らしからぬ感じさえ受けます。「まぁ、こんな感じ」という教え方をするイタリア人も多い中、彼は私にも手取り足取り教えてくれました。

年齢を重ねても、みんなにすごく愛されて、お茶目で面白い。そして一旦語り始めると、熱い。彼の話す内容にも共感できるんです。

ルイジは、イタリアのバリスタ本来のパッシオーネを維持しながら、さらに業界を盛り上げていくために頑張っています。一方私は、日本になかったバール文化を広げるために、バリスタと、一般のお客様にもバリスタの精神を伝えていきたいとの想いを強く持っています。スタート地点は別々だけれど、私たちの目指す場所は一緒です。

ルイジ・ルピ
イタリアのバリスタチャンピオン。私の尊敬するバリスタであり、人間としての目標。いくつになっても茶目っ気があって、仕事への熱意を失わない。そんな彼が働く姿は実にスタイリッシュだ。

E PIÙ

Istituto Internazionale Assaggiatori Caffè

IIAC（国際カフェテイスティング協会）と日本支部の活動

IIACとは

　IIACは、コーヒーの知覚・感覚的な価値をはかる科学的方法を確立し、広めていくことを目的として1993年にイタリアで設立された非営利協会である。"made in Italy"の象徴であるエスプレッソをターゲットに、そのテイスティングと知覚的分析の手法を蓄積し、大学教授、技術者、著名な専門家からなる科学的委員会とともにコーヒー分野のさまざまな改革を調査、推進している。

IIAC Japan

　2008年設立。42ヵ国の会員からなるIIACにおける、初の支部。日本における"made in Italy"＝エスプレッソイタリアーノの品質・認知の向上、バール文化の裾野拡大、カフェ・テイスターの育成、資格認定などを目的に活動している。

IIAC認定資格

　IIAC認定資格とは、カフェ（エスプレッソ）を客観的に判断し、評価することができる専門家「カフェ・テイスター」になるための資格である。さまざまな種類のブレンドや、バリスタの手によるカフェを審査したり、抽出に用いられた器具を評価したり、カフェにまつわるあらゆるシーンで生かすことができる。

　IIACの資格認定には①～⑤までの段階があり、すべての段階の資格を取得すると、カフェ学におけるマスタープロフェッショナルが与えられる。最初に①の資格（基礎コース）をとる必要があるが、その他の資格は順ごとにとる必要はない。

IIACが主催する競技会

　エスプレッソ・イタリアーノ・チャンピオンシップ（Espresso Italiano Championship）、略してEICは、イタリアに本部を置くIIACが主催する世界規模の大会。毎年11月頃にイタリアで開かれる本戦に、世界各国から代表競技者が集まり、世界一のエスプレッソイタリアーノの抽出技術を持つバリスタを決める国際大会である。

　日本代表選抜大会は2016年からIIAC Japanが中心となって開催。この選抜大会では一次書類審査を実施しており、これを通過した12名の競技者が選抜大会に出場。イタリアンエスプレッソにおける、「抽出技術」と「抽出されたカフェの味わい」の両面で、バリスタの技術を競い合う。選抜大会は例年、6月頃に開かれる「カフェ＆喫茶ショー」の会場にて行なわれる。

　国際カフェテイスティング競技会（International Coffee Tasting）、略してICTは、コーヒーのクオリティを公平に評価することができるIIAC認定のテイスターによるブラインドでのテイスティングを実施することにより、優れたコーヒーを選出し、そのようなクオリティの高いコーヒーを広く社会に伝えていくことを目的に開催されている。

　それぞれの詳細はIIAC Japanのホームページを参照。

IIAC Japan（一般社団法人 国際カフェテイスティング協会 日本支部）
東京都港区麻布十番1-5-29-205
03（5411）6619
info@coffeetasters.jp
http://www.coffeetasters.jp

IIAC-Japanの活動内容

IIAC認定資格講座の運営	IIAC認定資格講座を日本で実施、資格付与し、エスプレッソイタリアーノの価値を日本中へ広める。
広報活動	カフェ関連専門誌への掲載やWEB、SNSなどでIIACの活動をはじめ、エスプレッソイタリアーノの文化、価値を発信。
イタリア研修の企画(資格試験、企業視察)	IIAC全会員向けの研修の案内・運営、イタリアのカフェの文化・事情等の情報発信、現地視察の企画を行なう。
IIAC会員への情報発信・交流活動	IIACのネットワークを通じて会員にさまざまな情報を発信、会員同士・その他協会との交流の場を提供。
啓蒙活動の一環としてのイベント企画・参加	バリスタ、焙煎関係者、カフェオーナー、エスプレッソマシン輸入代理店、カフェチェーン店、学生などが参加するテイスティングセミナーや、バリスタ技術実践講座などの実施。
「エスプレッソ・イタリアーノ・チャンピオン」日本大会の開催・運営	毎年イタリアで開催される世界大会。これに出場する日本代表を決める選抜大会の開催・運営。
国際カフェテイスティング競技会	イタリアなどで開催される世界大会。これに出品するロースターの募集、受賞した際のブランディングや有資格者テイスター派遣などを行なう。

IIAC認定資格とは

- ●カフェを客観的に判断し、評価することができる専門家「カフェ・テイスター」になるための資格。
- ●"made in Italy"の象徴であるエスプレッソをターゲットに、テイスティングと知覚的分析の手法を学ぶことができる資格。
- ●カフェの本場イタリアで、1993年に設立された非営利協会「IIAC」による世界基準の資格 (ISO 95011)。
- ●イタリアの国内で、最も知名度があり、カフェ業界において最も価値のある資格。
- ●世界42ヵ国以上18,000人が取得する国際資格。

IIACの資格認定の段階と内容

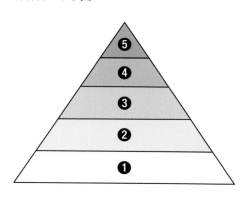

❺ **焙煎・ブレンド・アナリスト** …… 高水準のブレンドにするために必要な生豆の選別、焙煎、ブレンド別の評価をする力を身につける。

❹ **知覚分析マスタープロフェッショナル** …… 知覚分析の構造を理解し、商品をマーケティングし、分析を明確に理解し、説得・改善できる力を身につける。

❸ **ジュディチェ・アデストラート** …… 知覚分析の際、テイスターの器官や潜在性がもたらす影響、刺激の解釈を、伝統と革新的な技術で味覚分析を行なう。

❷ **エスプレッソ・イタリアーノ・スペシャリスト**(※イタリアだけで取得可能) …… バリスタとしての知識、ブレンドの質、豆と価格のバランス、テイスティングにより分析する力を身につける。

❶ **エスプレッソ・イタリアーノ・テイスター** …… 味覚の本質、客観的な判断力、知覚的分析ができ、味の修正に必要な力を見つける基礎コース。※他のIIAC資格を取得するにはこのコースの受講が必須。

おわりに

バールという業態は日本にまだまだ少ないと感じています。バールは、非常にわかりやすいようでわからない業態だからです。

バールはイタリアでは当たり前にある文化です。しかし、その文化は日本にはまだありません。格好だけ真似をしても続けることのできない業態だと感じています。

イタリアを愛し、「なぜ、この業態が発展してきたのか」を知るところからが、必要と考えられます。"イタリアン・バル"という呼び名の業態も出てきている中で、バールという業態の確立をしっかりと行なっていきたいです。

シアトル系＝アメリカ系のバリスタは、多くいます。しかし、残念ながらイタリア系のバリスタは少ないと思います。シアトル系バリスタが我々のイタリア系バリスタに移りたいと希望しても直ぐに辞めて、元のシアトル系に戻る人が多い気がします。逆に、イタリア系からシアトル系に移って、辞めずに頑張っているバリスタは多い。私としては非常に残念です。シアトル系はイタリア系に比べてコーヒーの比重が大きいですが、イタリア系はカフェだけでなく食事・お酒・デザート・サービスまで行なう必要があり、大変だからでしょうか。

イタリア料理店のシェフは、食材の勉強や試作などを真剣に行ないメニューを決めていきますが、その中でもカフェ（エスプレッソ）の売上は金額的にも小さいので、カフェが二の次や置き去りにされています。

業者の言いなりのお店や、情報をしっかり取らずにコーヒーを使っているお店もあります。そこをしっかり押さえてもらえるよう、我々としてもプロ向けの講習会やイベントを通してサポートしていきたいと思っています。

また、イタリア料理店で働いているカメリエーレ（ウエイター）やカメリエーラ（ウエイトレス）、バリスタたちも、ちゃんと勉強をして、レストランでもちゃんとしたエスプレッソやカプチーノを出せるようになってほしいです。

色々な場所でおいしいエスプレッソやカプチーノが、気軽に飲めるようになってほしいと思います。そのために我々としても、もっとデルソーレを各地に出店したいという思いもあります。

店を出すということは、バリスタを育てることも重要なポイントです。我々は"プロ"を育てたい。

バリスタの地位向上のため、お客様にイタリア・バリスタ・エスプレッソ・カプチーノのことをもっともっと知ってもらうために、情報の提供や講習会・イベントにこれからも進んで取り組んでいきます。

2018年8月　横山千尋

横山千尋（よこやま・ちひろ）
1962年愛知県名古屋市生まれ。1983年に大阪あべの辻調理師専門学校卒業後、フランス・リヨンのビストロで修業。1984年ミラノでジェラートの修業を積んだ後、1985年、1986年、1987年「エキシポ・イン・ミラノ」（ジェラートの世界大会）にジェラート職人として出場し3年連続金賞を受賞。1994年ミラノのバール『ラ・テラッツァ』にてバリスタ修業。1996年に日本人初のイタリア認定バリスタとなる。2001年、仲間とともに株式会社フォルトゥーナを設立。同年9月に『バール・デルソーレ』開業。2002年および2004年、ジャパン・バリスタ・チャンピオンシップで優勝し、日本代表としてワールド・バリスタ・チャンピオンシップに出場。2004年、世界ラテアート大会で準優勝。2016年6月、日本で初めて開催されたエスプレッソ・イタリアーノ・チャンピオンシップで優勝。バリスタ、バールマンとして日々勤めながら、各種セミナーやメディア出演、催事などでイタリアバールの普及と後進の育成に取り組んでいる。

BAR DEL SOLE
バール・デルソーレ
2018年8月現在、東京・高輪店、赤坂見附店、銀座2Due店、中目黒店、神奈川・武蔵小杉店、名古屋・名駅店、大阪・ステーションシティ店を展開中。加えて、横浜そごうに「ジェラテリア・デルソーレ」、東京・東麻布にジェラテリア「麻布ファブリカ」がある。
http://www.delsole.st

STAFF
デザイン　武藤一将デザイン室
撮影　　　後藤弘行（旭屋出版）
編集　　　稲葉友子
　　　　　前田和彦　斉藤明子（旭屋出版）

バリスタ・バールマン教本

発行日　2018年10月11日　初版発行

著者　　横山千尋（よこやま・ちひろ）
発行者　早嶋　茂
制作者　永瀬正人
発行所　株式会社 旭屋出版
〒107-0052　東京都港区赤坂1-7-19　キャピタル赤坂ビル8階
TEL：03-3560-9065（販売部）
TEL：03-3560-9062（広告部）
TEL：03-3560-9066（編集部）
FAX：03-3560-9071
http://www.asahiya-jp.com
郵便振替 00150-1-19572
印刷・製本 株式会社シナノパブリッシングプレス

※落丁本・乱丁本 はお取り替えいたします。
※無断複製・無断転載を禁じます。
※定価はカバーに表示してあります。
© Asahiya publishing Co.,LTD.2018　Printed in Japan
ISBN 978-4-7511-1344-8 C2077